原来**危机**不过是一个**卡通**

A CRISIS IS NOT A BIG DEAL!

——危机下企业的应对策略

[马来西亚] 林恩慈(Karen Lim)

重庆出版集团 重庆出版社

图书在版编目（CIP）数据

原来危机不过是一个卡通：危机下企业的应对策略/林恩慈著.
—重庆：重庆出版社，2009.9
　ISBN 978-7-229-01211-3

　Ⅰ.原… Ⅱ.林…… Ⅲ.国际金融-金融危机-影响-企业管理
-研究 Ⅳ.F270 F831.59

中国版本图书馆CIP数据核字（2009）第153473号

原来危机不过是一个卡通——危机下企业的应对策略
A CRISIS IS NOT A BIG DEAL!
林恩慈　著

出 版 人：罗小卫
责任编辑：罗玉平
责任校对：何建云
装帧设计：深圳创图

重庆出版集团
重庆出版社　出版

重庆长江二路205号　　邮政编码：400016　　http://www.cqph.com
重庆出版集团艺术设计有限公司制版
重庆升光电力印务有限公司印刷
重庆出版集团图书发行有限公司发行
E-mail:fxchu@cqph.com 邮购电话：023-68809452
全国新华书店经销

开本：850mm×1168mm　1/32　印张：4.25　字数：50千
2009年9月第1版　2009年9月第1次印刷
印数：1～5000册
ISBN 978-7-229-01211-3
定价：25.80元

如有印装质量问题，请向本集团图书发行有限公司调换：023-68706683

CONTENTS

目 录

　　危机只不过是一个卡通，我们随着卡通中的角色、场景、情节而心情起落。你知道你常受到何种角色场景情节牵引？

　　世界上没有一条路是直的，不懂得转换角度的人，迟早会走进死胡同。你知道你已经进入了哪条胡同吗？

　　你怎么看待你自己，别人就会同样看你。你知道你是如何看待自己的？而别人又是怎么看你的？

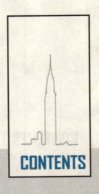

CONTENTS

不要以为内心的想法只存在于个人的脑海之中，其实，我们的想法已直接投射在我们的态度上，而态度正是我们在应对这个环境变迁中最重要的一个基石。让我们来找找你面对这个世界的态度！

我们最大的敌人是自己。内心的魔鬼打败了天使，你就是魔鬼；内心的天使打败了魔鬼，你就是天使。你是魔鬼还是天使？

给你五分钟时间，写下3~6个月你想要实现的事情或梦想。

你写了多少个？

不到15个！

3~6个月是我给大家设的陷阱！

你上当了！

CONTENTS
目　录

漫画中的小狗在内心独白："老天忘了给我翅膀，于是我用幻想飞翔。"

你有没有想过，狗会飞翔？

如果你连想都没想过，你又怎么做得到？

在碰到危险时，一般人都会直接地做出反应：逃离。

然而，如果你能够先冷静下来分析一下危机的类型和影响力的趋势，很多时候，你会有新的发现！

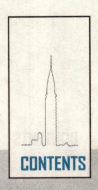

CONTENTS

CONTENTS
目　录

狐狸孵蛋是一项创举……坏消息是……这项简单的工作从此不再简单，你需要去面对错综复杂的事物。

看到这张图，大家的直接反应通常是："呀！这是蜘蛛！"这真的是一只蜘蛛吗？只有超脱恐惧，才能看清真相。

罗马不是一天建成的，你的信心也是要逐步地建立起来的。在危机中如何建立信心？

没在基准之上建立的目标，就像眯着眼走路——越来越偏。

如何才能找到基准？

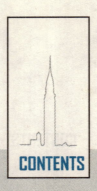

CONTENTS

必须学会从成功的经历、优势、挫折、弱点这四个角度去分析我们当前的情况，只有清楚了解自身的特质，不断地总结经验教训，才能拷贝成功！

如果你的价值观是"君子爱财，取之有道"，那在遭受金融危机的情况下，假如有人对你说，"银行的钱现在没人看守，我们去拿！"你会去拿吗？

这次金融危机迫害了你吗？

没有！

只因我们心随着不安在动，便觉得已身处在不安之中。

不同的目标带来不同层次的成就，缺一不可，你知道如何区分及掌控它们吗？

CONTENTS
目　录

"不要想粉红色的大象！不能够想粉红色的大象！不准想粉红色的大象！我命令你不可以想粉红色的大象！"

现在你的脑海中出现什么？

阿姆斯特朗小的时候，有一天，在自家后院的弹簧床上不断地往空中弹跳着。

妈妈问他想干吗，他说想要跳到月球上去。

最后，他成为了登上月球的第一个人。

在危机之下，企业的领导者要做的就是：有效地思考、设定目标、提高个人和团队的生产力。你有成为战略引导式领导的条件吗？

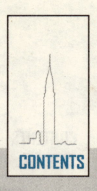

CONTENTS

感恩提供我们能量，创造我们独特的个人贡献，它像光芒一样，指引每个人去面对需要克服的阴暗面和恐惧。不断追求、超越自我！

序一   危机创意

记得在20多年前，一部在中国大陆重新放映的由卓别林主演的默语片《摩登时代》给少年时代的我留下带有欢声笑语的深刻记忆，殊不知那正是20世纪初美国大萧条时代的黑色幽默。那时小，还不懂什么叫做经济大萧条，更不知什么叫危机。到2007年末，由美国次贷危机引发的金融危机席卷全球，即便在中国，我们每个人都真切感受到了这场危机给方方面面带来的冲击。

什么是危机？怎样面对危机？对于个人、企业，甚至是国家和社会都是值得探讨和研究的课题。

《原来危机不过是一个卡通》出自一位生于中国台湾，成长于吉隆坡，现又工作在深圳的可爱女孩——林恩慈笔下。恩慈是我多年的朋友，也是我可爱的小妹妹，想当年我们还曾一同带领旅行团在玉龙金沙间的大山里欢笑游走，转眼间她就已经成长为一位成功的商业营销专家了。这首先是因为她渊博的知识，她对儒家文化的研究运用超越了她的同龄人，其次是她十多年游学欧美的经历，使她见多识广，阅历丰富。这些无疑都是恩慈写作本书的基础。

面对危机，人是需要有创造性的，本书让我想起13年前，自己一个大胆的创意：将香格里拉策划在云南迪庆藏族自治州的历历往事。这也算得上是应对危机的创意。

很多人忽略了自己手上握着的夜明珠，而一味地想要寻找远在天边的珍宝来充实自己，路越走越远，却不小心偏离原来的方向或迷失了。不论在危机还是在建设发展时期，如果能清晰地了解自己手上资源的优劣、机会及可能的挑战，不仅能够有效地运筹帷幄，还可以将资源做更大化的发挥和整合。创新不在于跟随潮流的发展，而在于如何将事物的精华还原后做更大的发挥及提炼，让它灿烂夺目，并且有更好的带动及成长。

在危机中，或求发展时，如果能有一个清晰的未来图像并将这幅图像融入国际的发展史中，找出变化的细节、坚持自己的理想、依据未来图像的指引坚定地往前迈进、让更多不同的人、事、物参与其中并善用集体智能的创造力和执行力，对团队有信心及给予及时的培养和发展，必定能够有所成就。

——孙炯

孙炯：

中国少数民族哲学和社会思想史学会常务理事，他在20世纪90年代中期成功策划了香格里拉在云南这一轰动世界的创意，在藏区工作6年来，历任香格里拉县副县长，迪庆州政府副秘书长，参与了整个香格里拉工程的实施。

序二　感恩之心

"天生我才必有用"，在本书的指导及启蒙之下，我们必须肯定自己的价值：在世间的千万人中，唯有你最独特（unique）。首先我们需要认识和坚信自己的性格、天分、才华，同时还要意识到自己的缺点、不足、无能。我们确实与众不同，对自己的肯定和接纳（self acceptance），就是对造物者的认可，因此能使我们用感恩之心及正确的心态，欣然接受及面对自己。

这感恩的心境，应不断地在我们日常生活中流露出来，对天地（创造者）、对我们抚养成人的父母、对我们自己的兄弟姐妹同胞、对同事、邻居及我们所接触的任何群体。甚至当我们遭遇不安、意外或受伤害之后，还会以感恩的心去接受或用感恩的心态从中学习，跨越我们人生的境界！

在今日，捉摸不定、动荡及经济不景气中，感恩之心是危机中"威猛"、"有效"的工具。因我们不会被表面低俗的环境限制，我们仍会发奋图强，自力更生，往上冲。正如作者在本书中提及要在危机中看到机会一样——"危机常常伪装成不幸"。难道不是吗？中国有句俗语说得好："柳暗花明又一村"。

以下这个寓意，正讲明了感恩的积极性、超越性：曾有一位年轻人在行走时，被路人打伤，并被劫走了几百元。如果你是这个年轻人，你会有怎样的反应？很多人都会说太倒霉了，但故事的主角用以下理由，表达自己是在以快乐及感恩的心态来面对此次突发的事件。

1. 他感恩打伤他的人，因只抢钱财，不夺性命；

2. 他感恩，因为别人来抢他，而不是他抢别人；

3. 他感恩，因为有机会被人打劫，有了这种经验；

4. 他感恩，抢劫他的人，没有抢光他身上所有的钱。

这个年轻人做到了"凡事谢恩"，感恩是正面的、有能力的，是扭转消极思想走向光明之路的钥匙。

因在深圳创办事业，我与作者认识已有六年之久，很高兴及荣幸为她写序。作者是一位从事人力资源管理、领导力、组织发展及变革的引导师。她曾在各企业、政府及社会团体担任要职。书中凝聚了她的丰富经验，相信一定能激发我们的思路，给我们带大巨大收获。作者列举了极具代表性的个案，如麦当劳、深圳国旅及她个人在讲课和出席商务会议时所遇到的问题，并坦诚地与大家分享。

善学必能成，不思可以得。

书中提到"最大的敌人是自己"，也是指我们需要面对一场自己与自己的战争，胜利者永不放弃，放弃者永不胜利。凡事较力争胜利，诸事都要有节制。

（林前9：25）因我们心中有两个对抗的力量，一个是为善的（作者描述为天使），一个是为恶的（作者称魔鬼）。（罗马书7章18节）因为立志为由得我，只是行出来由不得我。（罗马书7章15节）所以这两种律例或称自我，时常的交战，导致产生的情况我所做的，我自己不明白，我所愿意的，我并不做，我所厌恶的，我倒去做，我愿意你们在善上聪明，在恶上愚拙。你们行善不可恶志。

圣经上说："你要保守你心，胜过保守一切，因为一生的效果是由心发出"（箴言4：23）。

心，内心心态，心境、心思、心情，是我们最基本及重要的一环，古人有句话大意是这样的：种一个心态，收一个行动；种一个行动，收一个习惯；种一个习惯，收一个命运；种一个命运，收一个人生。

太好了——改变心情就改变了世界。

我能行——改变态度就改变了命运。

我思考——改变头脑就改变了人生。

在此祝愿每位读者天天更新，身心健康。

——唐锡豪

唐锡豪：

恩氏食品（深圳）有限公司

广东省马来西亚人协会Malaysian Association of Guangdong, 常务理事

星马（深圳）社区联谊会Singapore & Malaysia Community at Shenzhen, 常务理事

吉隆坡长老教会 Kuala Lumpur Presbyterian Church

序三　想法镜片

原来危机不过是一个卡通！开玩笑！这是什么样的论述？据我们所知目前的金融危机并不是一个玩笑！我们知道有很多人失去了工作！我们也看到许多重要的企业，像通用汽车等都宣告破产。经济的各个层面都往下滑落，我们怎么能够说这种情况是一个卡通。这真是一个疯狂的论述！

Karen想要探讨这一骇人听闻的论题的作用，这在某种程度上有助于改变我们对世界的看法的心理映像。这里有世界的真实性及我们对这个世界真实性的感知！就像我们拥有一组不同的镜片来看待不断改变的现实，因此我们所感知到的或许并不是真实的！我们对自己所拥有的这组镜片了解多少？我们是否意识到我们能够去改变我们所使用的这组镜片！

如果你发现你常说"它常常发生在我身上！"，这意味着你很可能常通过"它常常发生在我身上"的这组镜片来做思考。有些人非常消极地看世界；而有些人却非常积极……而另一部分的人却趋向于某种特别的看法。你有着什么样的一组镜片？你是如何使用它们的呢？

Karen创造了一系列的案例协助你去思考你的想法镜片

和你是如何去选择你要使用的镜片。最常有的想法镜片是自我放弃或妄自菲薄——"我想我没有任何办法来改变现在的状况！"这将会把你推到一种危险的处境！你越相信这些想法，那么就越会想尽办法证明你的这些想法是真实的！

然而，就像马斯洛从其在纳粹集中营的经验中学到的：即使在最困难的情况下，即使看上去那个状况无法控制，你仍然可以做出一个基本的抉择！这就是，我对这种状况的态度！我能选择我对这种情况的看法。如果我把所处的情况看做是一场无法抵御灾难，那么，将没有转机，也没有机会！但是，如果我断定这是一个充满挑战，同时也是机遇并存的状况时，至少我可以从中学到什么的状态时，我就可以控制我所处的局面。

当你阅读这本书时，请积极地问你自己："我现在处在什么样的定位，以及我将做何种选择来感知这个世界！"相信你能收获更多。

——潘士礼

潘士礼 Mark Pixley：

立德管理顾问有限公司总经理，国际认证引导师CPF。

引言

在2009年初，我主持了主题为"危机下企业如何提高生产力达成目标"的研讨会，在研讨会的开始，我请各位参会者做自我介绍。这时发现，凡是大方站起来的参会者，会很容易与大家分享他的想法，并能吸引他人的眼光；而站起来时觉得不好意思的参会者，则开始讲话时声音会颤抖，也无法完整地表达自己的想法。写这本书的想法由此而来。

人的思考和行为的模式会影响我们的态度。在应对危机的时候，人的态度也受到我们思考和行为模式的影响。不论你来自哪个行业，如果你想在危机当中突围，那么你要做的第一件事情是什么？

——把自己推销出去。

这个推销并不限于字面上所说的，让更多的人认识自己，更重要的是通过对自我的深入了解，寻找到自身的优势，引导自己将自身内在最真、善、美的一面展现出来，让自己如夜明珠般在黑暗中发亮。

可是在亚洲，我们从小就受到东方教育的熏陶，认为凡事只要默默耕耘，就会有人在有一天看到我做的成绩并欣赏我；还有，一定要谦虚，如果我在自我介绍的时候告诉别人我是做什么的、有什么成就，那别人岂不是会觉得我很张扬？

为什么我们会有这样的想法呢？我们这样的想法是从何而来的呢？

前些日子在上课时，有一位学员对我说："我终于找到为什么我知道这么多，却无法将所知道的想法落实的原因了！小时候，我有很多伟大的想法，并期待自己在长大后会一一实现。工作后，现实和理想的差距让我将想法锁在脑海里，久而久之，心里开始有一种放弃当时想法的声音。一旦发生突如其来的冲击时，我又会回想起当时的想法，内心也变得波涛汹涌；然而，当心中的激情燃起，巴不得将其立刻执行时，又再次被现实生活的其他事物干扰。慢慢地，这些想法又逐渐平息了。"

他说："周而复始之后，我开始对生活失去信念，觉得茫然，而且年龄越大，心里就越有莫名的恐慌。"

"通过这些日子您对我的引导，"他说，"我将心中的想法写下并进行理性的分析，看到了更多的可能性，在回温了我们内心的触动之余，我开始知道应该如何一一将其落实了。"

在本书中，你会看到一些新鲜的观念启发思考，有一些真实的案例激发内在的想法旋涡，此外，还在每个章节主题之后设置了不同的"自我成长探索"练习来探索我们的内心世界。当我们能够具体地了解自己内心的想法运动时，才可能将感性和理性结合起来，在这个现实的世界中去创造心中想要拥有的东西。

通过这本书的引导，我们首先可以将自己培养成一位引导型个人（facilitative individual），当我们有意识地引导自己，找到自己的定位后，就能成为一位容易共事、擅长与团队共同工作、能察觉个人和团队动态的人。

接着，你会培养自己和团队拥有集思广益、群策群力、众志成城的能力及能耐，实现一个引导型团体（facilitative group，team，committee，or board）。

最后，你将成长为引导型领导 facilitative leader）。

在开始进入这本书的第一个章节前，首先让我们做做以下的自我探索引导来暖暖身：

1. 找一张白纸及一盒多色的彩色笔。
2. 想一想有什么图像能够代表你自己，然后选一支你喜欢的彩色笔将这个图像画在纸上。
3. 画完后，问问自己：我的优势是什么？（请列出5项）如果今天是我的60岁生日，我已经拥有了什么？（请至少列出5项）

这是一个关于自我定位和形象的探索。你知道自己是谁了吗？你是否像不倒翁一样找到了你的重心点？！

　　现在，我要与大家分享一个秘密：我们的心态或心情可以改变我们的行为模式。同样的，身态（身体的姿势）也会影响我们的心态，因此，从容的身体形态和行动能让我们的心情放松。所以，我们可以通过改变身态来改变心态，或通过调整完心态后的身态来表达我们的形象。

　　如果你在危机海啸面前，能像每次出席公共的研讨会般，从容大方地在公众面前站起来，清楚明了自己的定位，并且很勇敢大方地告诉别人——"我是谁"时，你会发现，这一刻你的身体充满着能量，你在别人的眼中就像一位站在浪头上闪亮的冲浪手！

第1章 机会常常会伪装成不幸

● 危险与机遇并存的危机

很多人不知道究竟何谓"危机",不过会有"危机感",也就是当危机来到我们的面前,成为我们身边的一种状态,关系到我们的存亡的时候,我们说感觉到了危机,便开始有危机感了。

"危机",顾名思义,即危险与机会并存。但是一旦有压力或事情让我们觉得喘不过气或引起内心不适时,我们的第一个反应就是要逃离或对抗,然后否定眼前的事物或困惑,沉浸在感觉危险的氛围中不能自拔,而忘了在过程中去留意或寻找细微的可能性和机会。危机感源于我们将自己放在一个与其他人、事、物做比较的天平上。在进行比较的过程中,我们有了被威胁、被取代的担心,进而产生忧虑、不安的心情。有时危机感也是一种迫使我们成长、成熟的催化剂。

有一幅电影海报,画面的上方有一头大鲨鱼,大鲨鱼的下方是两只神色慌乱的小鱼。

为什么小鱼会神色慌乱?

我问过很多人,几乎所有人的回答都不外乎:"小鱼会被吃掉!所以它们感到害怕和惊慌。"

现在全球都"感觉"到了一场所谓的金融海啸的巨浪正往自己的头上扑。这导致了什么呢?

大家开始人心惶惶。当更多的人开始人心惶惶的时候，人们就越来越不知道自己下一步该怎么做。

这时危机感来了，因为我们觉得有压力，这压力直接影响了我们的存亡。

如果站在自己目前的情况去思考危机，其实危机只不过是一个卡通，我们只是被自己所认为的危机影像牵引出了我们感觉害怕的情绪而已。我们随着卡通中的角色、场景、情节而心情起落。

为什么我们把金融海啸称之为危机并且有危机感呢？因为在这场海啸中，象征着经济鲨鱼的美国率先倒了下来，同时也波及了许多国家，颠覆了过去世界经济和金融的常态，进入到一个未知的将来，并将引发一连串的变革！这次的海啸让这只大鲨鱼突然间翻了边，不禁让人联想到在这片海域里应该还隐藏着危害所有生物的致命物……

请认真思考一下，你真的受到冲击了吗？你是如何知道危机到来的？

有人回答说："报纸上刊登着大段大段的新闻报道呀！"、"我的邻居失业了！"、"经过工厂区时看到很多下岗工人待在路旁"……

那你自己又真正亲历了多少呢？

● 换个角度看事情

　　回到之前所说的电影海报，大家在回答问题时或许忽略了其他可能的情况：或者这只表面凶恶的鲨鱼已经吃饱了，对这两只连塞牙缝都不够的小鱼不感兴趣；又或者这两只小鱼太小而且又在鲨鱼的肚皮底下，鲨鱼并没有看到它们，不见得有危险……

　　当危机发生时，我们常常会做类似以下的连锁反应：我们首先就会考虑到自身的劣势或不足，然后情绪开始紧张，接着盲目地投放资源为求保全，最后因无谓地耗尽资源而作茧自缚。

　　如果我们想要在经济危机中避免以上情况的发生，首要的任务就是转换角度思考。弄清自己的定位，找出自身的优势，然后有的放矢！当大家在金融危机之下人心惶惶的时候，就是你的最佳时机！

　　这就好比在公众场合中要求做自我介绍的时候，其他人都坐着不动，而你勇敢地站了起来，并且精彩地告诉所有的人"你是谁"。这样做的结果就是，有人会因为你清楚的分享而仰慕你的风采，而你也将获得更多的机会！

小安去应征某集团公司的公关经理。应征的人很多，而她很幸运地被筛选出来，进入了面试。

小安进入面试办公室的时候，突然脚下一扭，摔倒在地，手上的资料飞得满地都是。而面试她的正是集团公司的董事长！

如果你是小安，遇到这种情况，你觉得这次面试成功的机会有多大？

很多人会说："情况不妙，机会很小。"

可是小安从容不迫地站起来捡起地上的东西，泰然地坐到董事长面前。董事长问她："以你今天的表现，你觉得我会录用你吗？"

小安不急不慢地回答道：

"人生的旅程中，常会有意想不到的事情冲击着我们，而这些打击会产生什么样的结果，端看我们是以什么样的态度去面对。因为不同的态度，就会产生不同的结果。通常我都会以从容、积极、正向的态度去面对，只要尽了力，我就不太在乎结果会怎样。"

"如果，我太患得患失，反而无法将真正的实力展现出来。更何况，很多事情的结果，我根本无法操控。就像今天这件事，结果是董事长决定的。所以，会不会影响我面试的成绩，应该是要问您。其实，这也正是我想问的一个问题！"

三个星期以后，小安收到了这家集团公司的录取通知书。通知书上说：

"恭喜你就这样一脚摔进了我们公司！"

"危机"这两个字给了我们一个很直观的解释：在"危难"中存在"机遇"。如果只看到"危"而被吓坏了，不知道如何去反应时，不妨学习一下小安的态度：换个角度看事情。

● 正向地看待自己

只有爱自己的人，才会有爱自己身边的人、事、物的能力；只有能够正向地看待自己的人，才拥有在危机中看待事物正向发展的能力。

我们从牙牙学语开始，到长大、上学、就业、成家立业的过程中，不免会遭遇到许多不同层次的焦虑、不安、惶恐、挫折，以及许多不同层面的快乐、欣赏、兴奋、幸福。这些正向和负向的因子交织在一起像走马灯般不断地闪现在我们的脑海中。而我们的心更容易被负向的因子牵引，当许多负面的、不愉快的想法慢慢填满内心的角落，我们便会开始怨恨起曾经伤害过我们的人、害怕面对生命中出现的挑战、羞愧于自己没有达成应做到的标准。

我们开始变得退缩、压抑、有攻击性、故步自封、自怨自艾、否定自己和他人、觉得世界对我不公平、愤怒，甚至最后选择放弃自己和世界。负向的思考让我们忽略了人世中的二元化：有悲伤就有快乐、有失败就有成功、有失望就有希望。

当你把焦点集中在积极、正向的自我体验中的领域，从容面对、积极反应、主动出击，只要尽力了，结果就会有不同的变化。

如果太患得患失，太多负面的敏感反应，反而无法将真正的实力展现出来。更何况，很多事情的结果，并不是我们所能操控的。

我们都是这场海啸的主人翁，当你转换角度去正向思考的时候，会发现新的机会正在等着你。找出自身的优势，想想应该如何顺势、乘势而为？找出你在大环境之中的定位，然后乘势出击。

当你能够正向地看待并且欣赏自己的存在时，别人才能够从你的眼中发现你的存在和价值。——Karen

写下三个形容词：我是如何看自己的……

1.

2.

3.

写下三个形容词：在别人的眼中，我是一个……

1.

2.

3.

如果你所投射的形象的信息和别人接受的信息相符，而你觉得这是你的优势，请写下至少三项，你要如何借由你的优势突破目前的重围？

1.

2.

3.

如果你因为所投射的形象的信息和别人接受的信息不相符，而觉得有挫折感，请写下至少三项，你要如何自挫折中获得新的洞察力及知识，提升新的表现水准？

1.

2.

3.

● 态度是我们内心的想法

"态度决定一切！"

什么是态度？

态度是我们内心的一种想法，是自己与自己的对话。态度来自于我们过去复杂的经历以及我们对这些经历的反应。你现在是带着什么样的想法？

我们之所以有这样或那样的想法，是因为我们自小从外在环境、父母长辈、老师、同学、电视上的信息，第一次收到的礼物，第一次让自己感动的书、电影、人、物等等受到的影响。这些想法，进而成为日后我们对待自己、他人、环境的态度。而展现在大众面前的态度成为了我们的形象。

在前面的故事中，小安拥有一个从容、积极、正向的态度，她用这样的态度去面对碰到的危机，结果，她成功获得了公司的录取通知书。通知书就是短短的一句话："恭喜你就这样一脚摔进了我们公司！"本来看起来这是一场危机，但是她抓住了机遇，赢得了这个公关经理的职务。

这就告诉我们，在危机当中，你首先要去了解自己内心的想法是什么。想法常常不自觉地产生并影响着结果。有人会说："我内心的想法谁会知道呢？它只是浮现在我自己的脑海中，其他人如何能知？"其实，我们的想法已经直接投射在我们的态度上，而态度正是我们在应对这个环境变迁中最重要的一个基石。

一个重要的关键是：

看重已经达到的成就，而非还未成功的事情！

在混乱的情况中，我们常常会失去方寸、自怨自艾、自我放逐、将责任归咎于他人或生存环境，慢慢地我们陶醉在自我创造的一个幻境中，开始不信任自己、他人和生存的环境……

这时，我们就要学会以正向的态度来看待自己的内在以及外在环境，坚持下去的秘诀在于：即使是最小的成就，也要放在心中最重要的位置。比如：我今天为自己买了一件很好看的衣服，我吃了一顿美食，我和服务员说了声谢谢，她看起来非常高兴，我看完了一本我过去不会翻的书……让每一件小事的美满和快乐渲染你的世界，告诉你自己："我活在一个丰富多彩的世界中！"

看重已经达到的成就，而非还未成功的事情！学会赏识和肯定自己的能力后，才能获得赏识和肯定他人与外在环境的能力。

● 最大的敌人是自己

我们最大的敌人是自己。孔子有云："君子慎其独。"意思是，君子要谨慎自己在独处时的表现，独自一人的表现要与在众人面前所表现的一致。

大家都有独处的机会，独处的时候想法波涛汹涌。每当我们想要去做一件事情的时候，会发现脑海中冒着很多不同的声音："要做！"、"不要做！"、"这是很危险的，不能做！"、"要拼才会赢！"……然而最后做与不做，将取决于自己。

谁能告诉你一件事是否要做？不是别人，是你自己。

"君子慎其独"，放在当前的情景下，最重要的含义就是：我们要成就、要突围、要度过危机，关键不是依靠别人、寄托大环境、期待政府通过政策扶持来将所有的情况做一个很大的改变，然后出一个方案让商家度过金融海啸，而是看我们自己要如何做、做什么，不只是在名与利上的考量，而是我们想要为自己、为社会成就些什么？不然只是浪费了国家的环境资源。要知道，每一次浪费的资源都需要经历多年的累积才能形成。

独处的时候，思考下一个方向，思考要如何行动。进行自己与自己的对话——不是与政府、不是与其他人，而是与自己对话。

越是危机降临，越是一个让我们学会自己独立思考的完美时机：我要如何提高生产力？我要实现什么样的目标？自己的定位在哪里？

了解自我，接受并且欣赏真正的自我时，我们才能够拥有自信、自在和安全感。

写下今天我做了什么让自己快乐的事情。

写下今天我做了什么让同事、朋友、认识的和不认识的人快乐的事情。

在混乱的时候，停下来，看一看，听一听。判断优先顺序，聚焦在自己的目标和想要完成的事情上，放大优点，专注未来！

● 用梦想点亮指引方向的灯

　　以梦想为动力，给自己在混乱中点亮一盏指引前进方向的灯……积极的追求和向往能够激起你的兴趣、热情、潜能、创意以及机会！这是一股能量。虽然你仍旧在同一个环境中，迎合这个环境的需求和利益，并处理着接踵而来的紧急状况，但这股积极的能量给了你一个可以选择的未来，激起你将每个困境转化成前往下一个旅站的动力！

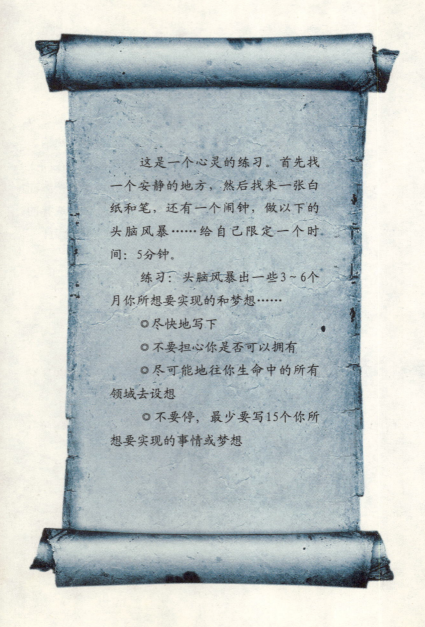

这是一个心灵的练习。首先找一个安静的地方，然后找来一张白纸和笔，还有一个闹钟，做以下的头脑风暴……给自己限定一个时间：5分钟。

练习：头脑风暴出一些3～6个月你所想要实现的和梦想……

◎尽快地写下

◎不要担心你是否可以拥有

◎尽可能地往你生命中的所有领域去设想

◎不要停，最少要写15个你所想要实现的事情或梦想

1.

2.

3.

4.

5.

6.

7.

8.

9.

10.

11.

12.

13.

14.

15.

......

好了，时间到了，请停笔。

现在请回头看看你刚刚写下的内容，你发现了什么？

——只有不到15个想法呈现在纸上！

原因是什么？

有人会说："要写下3～6个月我想要实现的事情和梦想是不可能的！"、"3～6个月要实现一个梦想是不现实的，所以我都在想这3～6个月内可以做到的事情！"

在这里，我给大家设置了一个陷阱——3～6个月。实际上，梦想是根本不会受到时空限制的！

我们不是没有目标，而是我们没有把足够的梦想转化成目标。大家对"心有多大，舞台就有多大"这一则广告词琅琅上口，但是为什么没有体现在行为上呢？

梦想能点燃我们向前冲的动力，让我们觉得干劲百倍且热情洋溢，能让我们对要实现的梦想中的事物投入心灵动力，触动我们的渴望！我不需要别人来激励我，我有足够的动力往前冲！当我们将所有的梦想都写下后，再从中挑选一下，有哪些梦想是我们现在有能力去将其实现的，或者如果我要实现这个梦想需要准备什么资源。

机会是给那些准备好的人的！

第2章 重新想象自己的未来

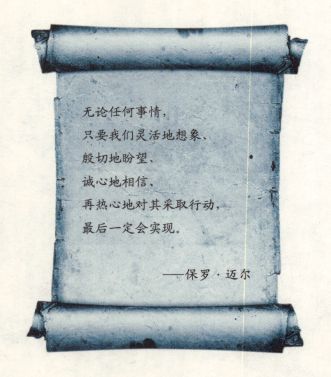

无论任何事情，
只要我们灵活地想象、
殷切地盼望、
诚心地相信，
再热心地对其采取行动，
最后一定会实现。

——保罗·迈尔

保罗·迈尔，美国领导管理研究中心的创始人，他从年轻的时候就潜心钻研个人发展、个人生产力和成功的原则，他将这些原则应用在销售业务上，在27岁时就成为了百万富翁。除了在人文教育方面所做出的贡献外，他与他的家人拥有超过四十家企业：涉足金融、不动产、航空、赛车、制造业、化工业、慈善机构等，深获美国前总统老布什、小布什的肯定。他综合自己获得成功的经验，总结出一个观点：

无论任何事情，只要我们灵活地想象、殷切地盼望、诚心地相信、再热心地对其采取行动，最后一定会实现。

从他与我们分享共勉的格言中，我们获得了什么新的见解呢？请在下面空白处写下你的新见解：

1.

2.

3.

4.

5.

6.

● 如何获得想象

我很喜欢一幅漫画：漫画中有一只小狗，它在内心独白："老天忘了给我翅膀，于是我用幻想飞翔。"

你有没有想过，狗会幻想飞翔？

灵活的想象是创造的本质。想象力是创新和创造的一个很重要的工具。想象有多灵活？很多时候我们连这个问题都没有想过。

要了解自己的心态及自己所想要的，就要学习如何获得想象。

各位读者，让我们一起来体会想象的威力。这个活动需要两人合作完成。你可以邀请另外一位朋友来参与这个体验。若你只有一人完成这项活动，请先到我们的网站上（www.引导法书籍.com）下载这段活动的语音引导指示。

请你放轻松，坐在椅子上，将身子舒服地靠着椅背，戴眼镜的朋友请把眼镜放下，然后请你按照以下的指示去做。（若有两人在进行这个活动，请另外一个人用轻柔和缓慢的语调念出以下的指示。）

"现在请轻轻闭上你的眼睛，我们开始倒计时：五、四、三、二、一……很好！你现在觉得非常的舒服和快乐！"

"头部放轻松，肩膀放轻松，手部放轻松，身体放轻松，脚、脚趾头放轻松，你现在觉得很舒服，你全身都放轻松了。"

"现在的你觉得非常地放松。"

"现在，你的眼前出现了一个黄澄澄的柠檬，'好香啊！'"（要慢慢地，轻柔地念出指示。）

"在你眼前的这个黄澄澄的柠檬透着清香的味道，你嗅得很舒服。"

"这时候你手上有把刀，你轻轻地拿起刀子往柠檬当中切下，柠檬分成两半，'好香啊！'"

"柠檬的汁溅了出来。"

"现在你拿起半个柠檬，伸出你的舌头轻轻地舔一下。"

（然后静默约1分钟）

随着语音指示倒数，慢慢地睁开你的眼睛，"五、四、三、二、一"。

这时你有什么样的感觉？

当我在引导这段想象时，许多人都会说感觉到"流口水"、"酸"、"发困"、"一直在吞口水"、"好象嗅到柠檬的味道"……

那么，在你的眼前是否有一个真正的柠檬呢？

没有。

但是，为什么大家会有这样的生理反应呢？

我们只是通过话语的引导让你去进行想象。你会发现，当你去想象的时候，你的身体同时会配合你的想象去做反应，而这些反应能够让我们兴奋、引起渴望的动力。

在你进行灵活的想象之前，你必须想好你要实现的事情是什么。就如同在这个引导过程中，我要给你看的是柠檬，因此，我就直接告诉你去想象这个柠檬。我们要去想象我们所要的事情，而不是我们不要的事情。这就是一种自我暗示。

美国的莱特兄弟想要像小鸟般在天空翱翔，他们想要飞的渴望和想象，让他们创造出了世界上第一架飞机——"飞行者1号"，实现了人类飞翔的梦想，同时也缩短了人与人在空间上的距离。如果你有什么梦想，请像上面那只幻想飞翔的小狗一样，勇敢地发挥你的想象吧——我们的脑是一具神奇的机器——你会发现我们的想象力，会马上去捕捉相关的影像信息，然后让我们去对这个影像信息起反应。

灵活的想象加速了我们想要实现事物的实现和落实能力，就像老鹰有着强壮的翅膀能够高飞，而有别于站在地面上仰望高空的火鸡。

当你对想要实现的事物，在大脑内输入信息并已有反应后，请加上殷切的盼望，告诉自己：我相信这是真的，它已经出现了——就如同我引导你去想象柠檬时，告诉你柠檬透着清香的味道，一切都是真实的一般，感觉是真实的，相信有柠檬的存在，我相信，也让你们相信。最后，热心地去采取行动以实现我们所想要的事物。

这是人的本能：只有当一个事物能被我们想象出来，我们相信并盼望着这是我们想要的，并有能力去实现它时，我们才愿意付诸行动。

　　想象是催化执行力的首要条件。当你需要强劲执行力的时候，首先你可以检查个人还有团队是否在通过这四个角度去前进——灵活地想象、殷切地盼望、诚心地相信、热心地采取行动——进而触动你或组织中每个成员的渴望和梦想。

　　我相信，我能做到的，我们和组织也能做到，然后我才会做我可以做的事情，才会有付诸于行动的意愿和驱动力。

　　我相信大家都是成功的人。请肯定过去我们所做的努力和学习，现在，我们只要掌握"略胜一筹"的技巧，便可以去执行、去实现、去赢得成果。

——Karen

● 教会老狗新把戏

危机来临时，面对危机的反应是直观的，那么，你在面对危机时的反应是什么呢？

等待死亡、渴望救援、感到恐惧、不知所措？

常言道："很难教会老狗新把戏！"今天面对庞大信息和未知的冲击下，我们要做的，就是要教老狗新把戏！即突破固式思维，创新——如何在现有的定位上做出与你站在同一起跑点的人略胜一筹的举措，从而赢得胜利！

现在让我们来思考一下："是否可以通过危机的冲击找到创新的办法呢？"

想一想，如果你是海里的这两只小鱼，遇到了鲨鱼，你要如何扭转乾坤转危为安？

有的人很快回答："小鱼肯定会被大鱼吃掉！"、"小鱼想象着大鲨鱼是一块很大的鱼肉！想办法吃掉它！"、"在鲨鱼嘴里游一圈又出来！"、"想办法逃离！"

当我提出这个问题的时候，大家会注意到我们在碰到危险时的应对态度。首先，大家不会去分析当时的具体情况是怎么样的，而是直觉直观地做反应：逃离，或者我会怎么样。

大家都会先想如何避难然后再想发展，却没有人来分析危机的类型和影响力的趋势。

但是当你停下来仔细去想的时候，会有很多种不同的答案。

同一张图片，不同的人在同一时间看，都会有不同的答案，但是不同的答案又都是对应着同一个主题的。

换一个角度去思考，也就是换一种态度去面对环境。这就是创意的过程。

当我们看着这张图片，心里直接的反应是想着如何逃离、小鱼肯定会被吃掉。那这代表着什么呢？代表了大家对情况发生时所起的最直观、最直接的反应。这些反应往往由于受到我们的情感、感觉、生理安全需求的主宰，而导致了内心的恐惧及不安，最后阻碍了我们将"危"转换成"机"的能量，无法去提升、创造一个不同的、具有创新的举措！

有一次我与中国麦当劳的一位高级主管探讨，在面对金融危机、人们追求健康食品的理念高升、毒牛奶、反脂肪酸食用油等不利因素冲击下，你和你的组织会如何去将"危"转化为"机"？

他的回答非常有自信："现在的大环境和形势对我们来说正是我们发挥优势的时候，由于社会受到许多负面情况冲击，人们的安全意识提高并越来越讲究大品牌，而我们所拥有的强大现金流能够做更多维护消费者健康上的努力。”

他说："麦当劳有严格的QA部门（质量监控）。我们严格的流程会让一些供应商觉得压力巨大，我们这个部门负责产品原料采购的同事们对所有进入麦当劳的产品品质严格把关，之后再交由其他部门的同事设计出符合国人口味和食感的菜单，然后再邀请不同的消费者来进行品尝，找出差异后再进行不断的调整。”

同处一个大环境，换一个角度去思考，换一种态度去看事物的变化，就会有不同的机会。即使是同一个冬天，对某些行业而言是停滞不前绝望无助的冬天，但对另一些行业而言却是休养生息调整步伐的冬天。

此外，在企业的发展过程中，我们还要学会预见危机，在成长的过程中定时地提升自己和组织的能力、培养自己的抗危能力。危机不仅仅靠事后解决，还可以预先作好防范和安排。如果组织和个人做好了准备，即便是在严寒的冬天，也可以捉住一丝暖意，并借由这股热能而得以进一步发挥。

当我们看到危机的时候，不妨用"停、看、听"三步曲做一做思考，你会发现有很多不同的想法。所以现在请留意一下，现在大家都在想什么？**如何提高创意、提出创**新，而不是一味地针对问题来考虑和解决事情。

　　2003年对国内的旅游业是一个富有挑战的时刻，"非典"的突如其来让深圳中国国际旅行社（以下简称"国旅"）开始做一个思考：危机来的时候企业要如何通过创意去集思广益，变成真正可以落实执行、可以看到、可以做得到的措施。这个过程我们称之为：**如何将创意转为创新。**

　　2003年5月23日至25日，我与Mark引导师引导国旅的25位中高层经理人进行了为期3天的"价值观、远景和战略"工作坊，非常成功！之后政协深圳市委员会主管主办的深圳市《鹏程》杂志的记者罗小莹采访了国旅副总经理张军，并考查了解该企业的一个价值观、远景和战略的工作坊，撰写了一篇标题为《屏气，是为了那发力的一跳》的访谈文章。

以下是这篇文章中的部分内容：

在重创中积蓄跳跃的力量

"我们不能总是消极等待，所以决心以退为进，化被动为主动，化消极为积极。我们把这次停顿当做一次提高员工业务素质与加强企业文化修养的机会。在那段时间，公司的大小会议室都不够用，大型的培训活动都数不过来，各部门小型的培训活动就更不知其数了，总之，是缺什么补什么。"记者曾与国旅的员工私下交谈，向年轻的小岳问道："当时那样的情况，你害怕吗？担心被公司炒鱿鱼吗？你有想过要跳槽吗？"小岳笑着回答："公司处处关心我们，我们有信心与公司共渡难关。我参加工作的时间不长，正好趁这个机会充电提高自己。非典过后，我们会好起来，也会更忙，哪有空去想着要离开公司呢？"

谈到公司在危机中的举措时，张副总说道："以前总是忙忙的，很多东西没办法沉下心去想。就像公司的战略评价和发展思路这些需要思想积淀的成果，过去没有时间做，现在正好有时间做了。面对多变和严酷的竞争环境，我们要好好利用这段时间认真总结过去半年的工作成绩和教训，以及时对下半年的工作做出相应的调整，这样，才有利于公司取得更多的成绩和进步。"

他说："此外，我们还做出了一整套的方案：包括公司企业管理、核心理念及经营规划的战略方向、操作价值和务实远景等，对全体员工进行了一次观念上的洗礼。把产品和服务的质量放在效益之前，是我们下一阶段工作的中心和重点。我们今后的一切工作都将围绕顾客满意度展开，以'为顾客提供最佳服务'为我们的宗旨。'成为华南第一品牌'、'争取公司IPO上市'、'追求卓越'、'员工与企业共享未来'将不仅是口号，更是我们追求的目标和将要努力实现的未来。有了清晰的思路和明确的目标，我们的信心将更充足。我们还做了许多产品的规划和设计，做足准备，全力迎接旅游业复苏的到来。"

展翅向未来

"随着抗非形势的好转，我们看到了前景。5月下旬，国旅向深圳旅游业同行发出倡议并做出保证，承诺非典过后，每组织一位旅客便捐出1元钱给深圳卫生系统，并为受到表彰的医务工作者提供免费的旅游度假。"

"'非典'过后我们策划的本地游主题活动马上启动。作为振兴深圳旅游市场的第一项措施，6月22日开始的'飞扬吧，深圳——2003深圳人游深圳'系列活动以'家好，我好，大家好'为主题，得到市民的积极支持。据我们统计，这次'88元游深圳'的活动首日参团人数就超过3400人，第二周更突破5000人次，为深圳旅游市场的迅速恢复起到了很好的带头作用。"

结合国家旅游局的总体要求及广东地区"非典"的实际情况，7月份以后，各旅行社将有步骤地恢复国内、入境和出境旅游市场，深圳旅游业将迅速走出困境。

张副总介绍说："在目前已经解禁的4个国内旅游目的地中，深圳国旅新景界还将与南岳区旅游局从7月份起联合推出'感悟南岳'的系列主题旅游产品。近期推出的'幸福家庭游衡山'就旨在通过在寿鼎为长者祝寿、在农家让孩子体验农作生活、在空气清新的中心景区畅游，突出'包容、和睦、健康'的主题……在出境旅游方面，我们将与新加坡、马来西亚、泰国的旅游机构合作，互组团队，这项活动也将在7月份展开。届时，深圳市民的出行旅游将会得到更全面、更好、更高质量的服务。这就是我们对政府、对深圳、对社会的回报。"

　　想在危机之下取得突破创新，首先要去思考如何才能看得更广、更大、更高，如何激励与触动人心，让组织内的人员共同参与。你和你的团队成员必须投入你们的心灵和智慧，提升集体IQ。想让"1+1＝无限大"的力量发挥出来，就必须触动每一个人的渴望和梦想，触动是一种由心而发的、让我们的内在感动起来的主观感知，而不是接纳（buy-in）。接纳是一种通过程序的操纵性指挥控制手段，是无法让人由衷地接受，转化成为自身的能量和渴望的。

　　创新的执行需要团队的所有成员都带着热情去做。不需要来自高层的激励，他们会激励自己。团队成员会配合创新想法策略，制定自己的个别目标，以努力实现他们的个人梦想，并将其视为个人成长的轨道。这是他们感受到某种更高层次感召的一种表现。

以下是一个自我对话的过程，你需要诚实地回答。

1. 在我或组织内及外发生了哪些事情？

2. 哪些事情让我觉得很兴奋？哪些事情让我觉得
   很沮丧或有挫折感？

3. 这些事情或情况给我带来什么样的启发？

4. 明天我要采取的3项新的行动、方法和举措是
   什么？

第3章 应对危机六步曲

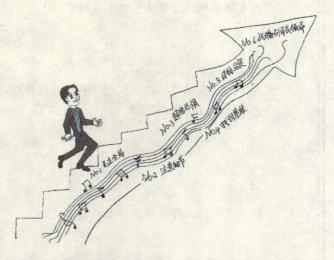

　　通过透彻的研究，我发现了应对危机提高生产力的关键观点。由六个步骤组成：（1）关注全局；（2）注意细节；（3）超脱恐惧；（4）找到基准；（5）目标设定；（6）战略引导型领导。这个六步曲的框架可以帮助企业和个人在危急中及时调整自己的视角，提高生产力，设定和达成自己的目标。

第一步：关注全局

组织内的每个人都要有全局观！

　　◇ 从解决问题的模式，到纵观整体系统的模式。

　　◇ 从以专家为基础，进展到以每一个人为基础。

　　◇ 这些新的理解已为组织变革和应对危机提高生产力带来新的流程。

　　如果今天我们想要跳脱危机、要提高生产力，第一件要做的事情，就是要关注全局。

● **组织学习发展100年**

注：本图参考Marvin Weisbord的作品

　　这是一个组织学习发展的模式。

1900年，首位专家顾问出现了。专家做什么事情呢？解决问题。

由于蒸汽火车的诞生及运用带来了工业革命，同时也因为先后爆发了两次前所未见的全球性战争——第一次世界大战和第二次世界大战，世界开始发生翻天覆地的变化，知识爆炸使更多人能够接受知识，并质疑与检讨各学科的发展和研究。

工业生产中开始使用流水装配线。这种大规模的生产使商品制作成本降低、产出更多。第一位专家运用信息和知识为生产运作出现的问题提供解决方案。

当企业或生产运作的用户逐渐熟悉了生产的模式，他们也从熟手转变成这项运作流程的运用专家，随着不断发展，问题接连出现，可很多时候，顾问专家也无法告诉他们怎样解决这些问题。

时间推进到1950年，航天器的发明让世界变得更小。航天器带领人们向宇宙迈进，在不断探索中加深人们对地球以外世界的了解，宇宙学取得巨大进展，"大爆炸"理论被创立，人类开始研究宇宙的起源。由于知识进入了一个专业化的新时代，庞大和复杂的系统让每个人各有所长，并都开始解决问题。1960年7月29日美国太空总署发布人类登陆月球"阿波罗"计划；1969年7月16日美国用"土星"运载火箭发射"阿波罗11号"成功，宇航员阿姆斯特朗成功踏上月球，世界开始有了太空项目。2008年9月25日，中国的载人航天火箭"神七"发射成功，实现了中国人太空漫步的梦想。

太空项目需要很多人力、专业知识和系统的支撑。于是每个人开始钻研其中的一个部分，每一个人都是单一的专家，这些专家开始思考我们如何共同解决问题，但仍然还是停留在解决问题的层面。

随着项目的扩展和科技的日新月异，针对问题解决问题的方式再也无法满足时代的变化。专家开始考虑如何提升整个系统，当他们发现不能再用头痛医头、脚痛医脚的问题解决方式时，他们开始综观组织或运作系统，将更多的影响系统指数考虑到运作的流程中。1965年起，开始了专家着眼于改善整个系统的阶段。

进入21世纪，互联网的普及让知识和信息唾手可得，大家都处在自己的小世界里，工作越来越忙，信息越来越多，懂得各类专业知识的人也越来越多——就好像维基百科的诞生一样——带动了人类和信息发展的新动向。任何人都可以向维基百科投稿并免费浏览和使用维基百科网站上的内容。维基百科现有400万篇文章，120种语言，文章的数量已经大大超过了大英百科全书在线的10万篇文章，而且维基百科上的文章质量和准确性与大英百科全书不相上下。维基百科的上传过程是由集体决定哪些内容可以上或不可以上，众多用户参与创建、编辑和链接网页，让内容因此不断完善和更新。而这一切都是自主自愿发生、通过民主参与开放讨论而成的，并非由某个专家精英来回答，每个人的影响力不断地衍生，带动了集体智能。

注：上图为维基百科中文网首页

由于时代的推移和发展带来的新变化，使得由专家综观全系统的模式进入到全员综观全系统，并且开始提倡组织全员共同行动，建立一个自主自发的团队，为所在的组织处理在发展中、危机时出现的各种事件。

综观系统中包含的所有要考量的、会影响我们进展的因素，以企业而言，就是要找到和企业利益相关的人、事、物。

● 利益相关者是谁

在我们的组织内，谁是这个组织的利益相关者？谁能对这个组织做贡献？谁会从组织中获得什么？请大家根据自身的情况去思考这个问题。

很多时候，我们忙于工作，没有时间去仔细思考，到底在这个环境中，我影响了谁，谁影响了我。如果你不能即刻想到这些关系，并

且做出理清，请问你又能做什么具有针对性的措施让自己从危机的大环境中跳脱？

看事情不是看一个点，而是看一个面。请大家仔细想一下，在大环境中，谁是我们的利益相关者？老板、员工、投资者、客户、同事、同行、经销商、供应商、银行、社会、工商税务局、政府、商行、工会、学校、房东……

在整个危机环境中，如果我们思考的焦点是去想跟我们直接对应最多的是谁，那么我们的想法都将以它为出发点。比如：组织的成员A擅长与政府打交道，那么他第一个想到的就是政府并且所有的思考都是环绕着政府来做出发点；成员B擅长跟客户打交道，那么第一个想到的就是客户；成员C擅长跟经销商打交道，那么第一个想到的就是经销商。

一旦这一个点无法提供支持或掉链时，所有的环节及进度就会因此而停摆。

现在这个时机，正给了我们一个机会，让我们提升到一个更新的高度，去看到在企业里产生效益、产生联系的人有哪些？产生联系的事物有哪些？不再是从一个定点，而是从全局去做一个思考。

在我们思考全局的时候，要先学会思考系统。

● 思考系统

　　每一个环境和项目都有一个系统。

　　比如，银河系就是一个系统，系统有其自然的规律去循环往返。我们的利益相关者就好比银河系里的每颗行星，系统内部的个体相互之间产生牵引作用。我们要如何借助牵引作用去做更多的发挥和跳脱呢？

　　所谓的"跳脱"就是：我们不可能脱离银河系，但是系统自有其循环之道，当我们懂得循环之道时，我们就会知道要如何去乘势而为。

　　组织里的每个人都要有全局观。当我们没有全局观时，组织或个人就只会依照自身擅长的方式，或以前获得过成功的经验来应对环境或事物的变化。

在现在这个不按理出牌的大环境中，固化的对应战略能否在危机中实现全面有效的防卫或反击呢？

回到上一章节我们所举的A、B、C成员的例子，如果我们能够集合组织中A、B、C甚至是D、E、F等每一位成员所面对的情况，整合成一个全局、全相，然后每个成员在同一个全相中做思考，就能获得一个更详细和更周到的解决方案。

前些日子我参加一个商务会议，席中有一位企业的人力资源总监特有感慨地与参会者分享道："同一件事情在我不同的年龄阶段，有着不同的解读和解决方式，不知道是不是因为人在年龄增长、阅历增加的同时，心态和心情也随之发生变化，所以影响了我对事物的处理和应对方式呢？"

这段话是否让你觉得很熟悉？

在个人的成长过程中会有很多不同层次的思考和观点变化。同样的，在组织的发展和变化当中，也存在着不同个人的不同层次的思考和观点变化。因此，如果在组织的发展及抗危的过程中，能够囊括组织中的各层面和层次的差异和观点，让组织中的每一个人都有机会为组织的发展集思广益，将他们的所见、所闻、所感觉、所渴望看到的未来景象并成一幅全像时，组织中的每一个人都将群策群力地完善系统，进而形成众志成城的力量和勇往直前的驱动力。

这是让组织中的成员心往一处想，劲往一处使的前提条件，并且能够更早地发现细节的变化。

当我们知道了我们的系统全像时，找出了跟自己企业相互牵引的利益相关者的时候，我们就已经开始描绘出全局的雏形，并拥有一个全局观。接下来要做的就是，注意细节的变化。

第二步：注意细节

有一天，你发现在车厢里坐在你身旁的乘客不是人，而是一头猪。

　　危机不是突如其来的，它是渐进发展而成的。2003年"非典"爆发，人们第一次看到病菌变异的恐怖——从飞禽类传染给人类。"非典"是对人类世界的一次巨大考验，由于对它不了解，当时的知识和应变能力无法即刻解决这场灾难。但如果我们当时能镇静下来思考：在过去的历史中人类是否有过防御传染病的经验呢？如果是有，那么为什么没有马上启动曾经用过的防御传染病的措施？为什么当时大家会乱作一团、害怕、恐惧？

　　这全是因为我们的惯性思维在作祟。

● 看到变化背后的细节

我们很多时候看事情都只是在看表面。

十几年前，有一位香港知名演员在台北开了第一家葡式蛋挞店，开业初期，店前每天车水马龙，店门一开就有一长串的人排队去买蛋挞。

很多人看了这样的情形后，认为卖蛋挞是一门很好的赚钱生意，于是大家就一窝蜂跑去开蛋挞店。鼎盛时期，台北市天母区的大街小巷处处都能闻到蛋挞飘香，看到蛋挞店的招牌高挂。想象一下，当大量的葡式蛋挞店充斥着台北时，结果会怎样？大家开始大打价格战、品质差异战。有的店只开了两天就关门大吉。而现在肯德基仍然在卖着葡式蛋挞，肯德基的蛋挞根据不同的季节，变换着不同口味，以吸引消费者。

当大家一窝蜂地追逐一件事的时候，只顾着眼前的利益，而忽略了自己的立足点。在这个葡式蛋挞风潮的背后，跟风者所忽略的第一家葡式蛋挞店之所以天天车水马龙的最重要的关键因素是什么？

大家想想……

演员的个人魅力和品牌效应！这才是这家店的优势。

假如我们想在危机中突围，只是觉得这个产品或项目可以赚钱是远远不够的。任何被接受的事物，在其背后都有很多复杂的东西在运作。所以，我们首先要注意并熟悉其中的细节和微妙之处，清楚明了自己的定位，再将自己的优势跟细节整合，去重新衡量事物的发展趋势，最后得出结论，一切是否在你的掌控之中。

找到表象下事物运作的联系和过程，同时想象你把自己也放到这样的情况中，再重新去思考，将事物运作过程与你的定位重新整合：别人卖蛋挞可以成功，综合自身的优势和未来的发展，你可以做到吗？

是蛋挞不好么，怎么有的人会成功而我却不行呢？

原因不是蛋挞，是我们没有看清楚我们内在和外在的优势，而被一些事物的表象引入误区中。

● 狐狸的生活不再简单

狐狸孵蛋是一项创举……坏消息是……这项简单的工作从此不再简单，你需要去面对错综复杂的事物。

有一只狐狸看着自己身上丰满的毛发突发奇想："我跟母鸡一样有毛，既然母鸡可以孵蛋，那么我就可以跟母鸡一样孵蛋。"

"孵蛋养小鸡，小鸡变大鸡，大鸡可以卖，也可以生鸡蛋。这样我就有很多的钱也有很多的鸡和鸡蛋吃了！这真是太好了，我太聪明了！！！"

"我再也不需要借助母鸡帮我去孵蛋了。"

于是，狐狸做了一个详细的孵蛋行动计划：第一天做什么、第二天做什么……狐狸一直在慢慢地做记录——从此狐狸的生活不再简单。

因为它在做的，不是它本能的事情。

当你要开始面对危机中错综复杂的事物时，你是否会像这只狐狸那样，将简单的事情复杂化？

现在很多企业讲究创新。创新很好，但是在讲究创新下，大家忘记了自己的现状是什么，自己拥有什么，不知道应该从我们所擅长的领域当中去思考、推进，走进了

"创新"的单线胡同，一味追着我想要的东西，而不去做自己力所能及的事情，经历了重重挫折后，最终选择了放弃，留下了人生的一个遗憾。

或许很多时候我们都会像狐狸一样，面对危机来临时，盲目地进行着思考希望找出更多突围的方法和方式，从而进入了一个想法误区，也就是："母鸡有毛，狐狸也有毛；母鸡可以做的事情，狐狸也可以做，或许还能做得更好。"话虽如此，但是这样一来，你就让你的世界变得复杂起来，你将遇到的挫折也会越来越多。

所以，在不断地发现细节的变化的同时，另一方面，你还要去找出自己的基准。

实践这些简单事情的过程，同时也是迈向、指向最终我们想要的东西的过程。如果我们想象着要建立如罗马城那般宏伟辉煌的一座城堡，那么我们现在所砌的每一块砖，都应依照着想象之城的图像，不断地堆砌。

我们要关注细节的变化，接着，当变化到来的时候，要超脱恐惧。

第三步：超脱恐惧

通常我们只看事物的表面

关于事物

关于判断力

● **这不是蜘蛛**

看到这张图，大家的直接反应通常是："呀！这是蜘蛛！"

而我要告诉你，这不是蜘蛛，这是一张印有蜘蛛的白纸。

请问大家是如何知道金融危机的？听周围的人在说、媒体传播、企业减薪、裁员。

非常有意思的是，我曾在研讨会问在场的参与者，也曾不断地问身边的朋友、学员等，究竟谁真正遭受到了金融危机的威胁，他们都回答："没有。"

　　他们并没有亲身经历金融危机的威胁。只是因为听到新闻报道的各种裁员、公司倒闭的信息，他们的情感就被恐惧支配了。当我们的情绪被恐惧控制时，只会沉浸在恐惧的旋涡里，而无法理性地思考接下来我们要如何去应对。

　　在台湾求学时，我曾经半工半读在医院担任看护员。医院上班的经历，使我发现：有些病人并不是死于就医时的病因。那到底是什么原因导致他们的死亡呢？一是紧张，二是恐惧。

　　他们被自己的病情吓到了。一心想要康复，心情一直处在极度紧张中，只要医生或坊间说有用的药就用，或者请求医生多开药，若医生不开，则自己想办法到外面买，结果由于乱吃药，药物的副作用使得身体某些器官衰竭，最终导致死亡。

　　经济危机和大环境变化与我们生病的情况是类似的。想要摆脱危机，首先我们要稳定下来，找出症状，然后对症下药。而不是病急乱投医、自己吓自己。

　　在2008年爆发的金融危机中，各地区的经济均遭受了一定程度的打击，华南地区更是由于其发达的进出口业而首当其冲。在东莞，有很多的制造业被迫停产、减产，员工减薪或被裁员。其中，有一个群体受到了明显的关注，那就是农民工。

媒体的报道让我们认为所有的农民工都很可怜：他们被迫回乡、没饭吃、前途渺茫。由于与中国民间组织促进会（CANGO）合作为国内NGO组织培育引导式志愿者，因此我常会收到不同的非营利民间组织的报道，记录他们的动向及努力成果。在2009年3月，我收到由一家专门给农民工提供协助和辅导的非营利民间组织——南京市协作者社区发展中心（Nanjing Community Development Center for Facilitators）的邮件，并随函附上他们跟进农民工在金融危机后生活的采访特刊。

标题为《农民工眼中的金融危机》的报道出乎了我的意料，其中几段采访让我有了一个新的认知：有些事情的发展并非如我们主观意识所想象的那般呈现出来的。以下，便是两段采访的具体内容：

打工地：北京市内二环的胡同社区

这是二环以里典型的老北京平房居住区，长长的胡同里住着1300余名流动人口。

　　在这里居住的农民工，做小生意的比较多，很多就将买卖做在了胡同里，开个小卖部，或者在夜市卖小吃，早市卖菜……

　　在胡同开小卖部的小王，春节依然营业到夜里两点，钱不好挣了更要辛苦工作挣钱养家。"一闹金融危机，大家都谨慎了。好多人即使有钱，也放在自己腰包里，不敢花。"谈到危机所带来的影响，小王分析道："就像今年春节，从街上放鞭炮就能看出来。以往，人们都是买好多，年三十儿晚上能放两小时，可今年听响声就能听出来，大家都没舍得多买，意思意思就完了。可第二天又想放，就又买点，基本上都是一点一点地买，一点一点地放。没有以往的豪爽劲了！"

　　来自安徽的小杨也在胡同里开了个小卖部，老婆孩子都在这边。小杨感慨道："这金融危机闹得，影响还挺大！"外地人少了——直接的反映就是来打长途电话的少了。小杨家经营的公用电话，打长途1毛钱一分钟，5部电话机，以前一到晚上打电话的都排队，逢年过节队排得就更长。现在就放着2部电话在外面，都少有人问起。"外地人回去了，本地人谁没事儿跑这儿来打长途啊。"

　　旅游的人少了，来买东西的自然也少了。以前在这儿工地上干活的人也不来了，他们没有活儿做了，都回老家了。

小杨家里光租房每月就得1200元，两个孩子的学费，吃的用的都要花钱。大孩子的学费倒不是很高，就是学校组织今天去旅游明天去看话剧。"四年级的孩子他们懂啥啊，不去还不行！可这都是钱啊，车费、门票、再加上吃的，哪回都得100多元，现在挣钱真是难啊！"没有办法，小杨的老婆现在做了两份兼职，每天下午、晚上去给人家打扫卫生、做饭，一个月有1000多元的收入。上午要照顾孩子的饮食起居，还要在小杨拿货的时候照看生意。

作为家里的顶梁柱，小杨压力很大，"让孩子去老家上学，他奶奶年岁大，管不住他。其实家里比这好多了，房子比这宽敞，吃的自己种，花销也低，可挣不到钱啊。现在也是没钱，把这两个孩子养大成人就知足了。不攒钱了，够四口人的花销就可以了。"

在夜市卖小吃的老夏观点和小杨却不一样。"金融危机对我们没有什么大的影响，就是物价太高了，反而今年的生意很好，卖得不错。"43岁的老夏年轻时很能折腾，开过饭店，倒卖过服装，还卖过炸鸡，那时经济比现在这会儿富裕。要二胎的时候媳妇一下子生了龙凤胎，计划生育罚了钱，这几年一直都没有翻过身来。

可金融危机反而给老夏的生意带来了转机。"现在孩子都长大了，还都挤在十平米的房子里，不太合适，想找房子一直都没有合适的。现在可以留心找找了……"说罢，老夏眯着眼望着远方的高楼大厦细细地盘算着将来的生活。

出路，总会有的

危机总是伴随着新的挑战与机遇。在城市发展不下去，返乡；厂里呆不下去，创业；珠三角去不了，往北……压力当前，一个群体自我发展的力量慢慢显露，新的出路慢慢显露。

坚持，就有希望。

"来年自己当老板"

打工地：河北省邢台市任县辛店镇象牙寨村

"如果不是闹金融危机，今年可能要到大年三十才能回来。效益好的时候请假特别难，天天加班，闹金融危机后工厂不让我们加班，要求我们每个人每个月只能上10天的班，这样下来，我们的收入就只有400多块，感觉挣的钱还不够我们花的，就回来了。"

2008年8月，小娜和丈夫一起到广东东莞打工，11月25日就辞职回河北老家了。

"刚出去两三个月就回来了，也没挣到啥钱，还不够路上折腾的呢。"

小娜和丈夫在手机生产流水线上工作，包括做手机屏幕、听筒零件，忙的时候每月收入大约在2000元，其中基本工资700元，其余为加班费，加班费是8.8元/时。"我们公司是个大公司，在天津、北京、广东都有分公司。"尽管已经辞职，提到以前的公司，小娜依然很自豪。

"刚闹金融危机的时候，厂里就不让加班了。工资一减少，好多人就说不干了，但是组长不放。开始，他们以为很快就会过去，后来说不干的工人越来越多，组长接到上面的通知说同意辞职，才放人。"

"辞了工的人，一时找不到新的工作，快过年了，索性早点回家。有人回家结婚去了，有人打算春节后再去其他厂或其他城市找工作。"

不光小娜的厂子，附近的好几个工厂都面临相同的状况。"厂里损失挺大的,"小娜说,"我们生产的产品都是出口的,现在货卖不出去,哪来的工资。工人在厂子里面没有活,以前的一个老工人跟我说,跟非典那时候似的,无聊死了。"

"现在其实挺需要技能方面的培训。在外面没有什么文化,找工作不好找。"小娜感慨道,"就想赶快找点事情做,不能在家闲着啊,那样不好,会被别人笑话,家里压力也大。"

对于将来,小娜依然充满信心。"过了年想在镇子里开个服装店,这事儿我想了好长时间了。以前老觉得资金不够,自己又不是很懂,听别人说风险大什么的,犹豫着不敢做。现在正好了解一下这方面的信息,哪里进货,时兴啥衣服,等心里有准儿了,给自己干,给自己当老板!"

在危机来临时,有个别的人因为其定位的关系,直接或间接地受到了冲击。突破危机的重围,关系到你过往给自己的定位,请换个角度重新去判断,从你将自己摆在一个什么样的位置去判断,从你自身看待事情眼光长远与否去做判断。

在这场金融危机中,有些人认为是危机,有些人认为是机遇。就像上面的报道中所提到的农民工一样，他们中间有的离开城市返乡，在乡下找到了出路和机遇；有的则留在城中开起了小食店，因为他们发现由于金融危机的影响，人们开始减少去大餐馆的次数，而越来越多地留意到了物美价廉的小食店——他们的机遇来了！

● 不断累积成就感

罗马不是一天建成的，你的信心也是要逐步地建立起来的。而克服恐惧的其中一项有效的方式就是在生活中、事件中找出一件能够快速让你建立成就感及与你的长期目标对焦的事情，实践它、完成它后会是一个迈向更高的胜利顶峰的转折点。

你能做到的事情就是化繁为简。

保险业有句老话：复杂的东西简单做，简单的东西每天做。所以如何把复杂的东西化成简单的，把简单的东西重复做，就需要我们不断地累积胜利和成就感，这样才能建立我们的信心。信心不是喊出来的，它是由我们去实践每一个小的、简单的"即赢(Quick Win)"战略，马上行动，赢得快速的胜利，建立起个人或组织的士气。

　　2008年，我在日本高山市举办的ICA（Institute of Cultural Affair）第7届国际人文发展高峰会上担任"环境退化和气候变化"主题讨论的引导师（facilitator），有一位来自印度的ICA资深社区发展引导师与我们分享了他在印度一个城市改善的例子。

　　这个城市的市区中心有着一座年代悠久的菜市场，脏乱、无序、嘈杂、满地积水的环境影响了整体的市容，也给前来买菜的人带来了不便。印度ICA组织与市区管理会、居民代表等一起组织了规划会议，要有所改变。他们应用参与、互动的会议引导方式进行了一系列讨论，对这个社区做历史回顾、现况分析、设定务实的远景、看到潜在的障碍、制定有针对性的战略及行动计划。

在战略中，大家都建议由政府负责盖一座新的菜市场来改变目前的情况，并代替旧有建筑。在行动计划的过程中，引导师提出我们要有一个可以创造"奇迹"的行动来激励城市的居民，让大家认为我们是有能力来改变我们目前的居住环境和状况的。

在所有参与者的集思广益之下，定出了许多可以创造"即赢(Quick Win)"的行动机会。 其中一项行动倡议是：在当晚将菜市场的屋顶漆换成一种美丽的颜色，这一建议获得大家一致的响应。当晚，参会者领着数十人，每人带着一罐油漆和刷子在灯光下忙碌、兴奋地工作起来。

凌晨5点，当菜市场的小贩来开档时，发现过去灰黑色的屋顶变成了带着朝气的嫩黄色屋顶，大家都惊讶、兴奋不已。小贩们在谈论着新的改变时，也发现了地面上的脏乱与新的屋顶格格不入，大家开始将自己的档位及周边地区做了一次整理，并清除了地面的积水。这一天，来市场买菜的人们纷纷惊喜地谈论着市场的变化——仿佛是昨晚有仙子降临施展了魔法——不断地赞叹着。

在政府准备筹建新的建筑物时，菜贩们维持着改变后的新习惯，每天将这座老菜市场整理得清洁、整齐。这个例子做为这个城市里一个由百姓创造"奇迹"的故事不断地流传着。

如果遇到危机时，我们只看事物的表面，只仰赖自己的第一反应，我们就很容易被恐惧所操控，从而很难对事物做出正确判断，而且恐惧会让我们启动自我保护措施，我们开始自以为是、进入主观的想法胡同，然后屏蔽了其他的可能性或有建设性的想法。

当遇到任何的挑战或障碍时，我们应该去先分析，这是怎样的一个事件，再判断这个事件对我和我的组织是否有影响。

克服恐惧的办法就是面对它、理解它、淡化它、重新设计它。与恐惧共舞！

——Karen

给自己一个独处的时间，准备一叠白纸和最少12种彩色笔。选一种你不喜欢的彩色笔，想象着你不喜欢、恐惧的事情，然后将其一一写在纸上。在这段时间里，你若觉得想要流泪或哭，没关系，请尽情地释放自己，为避免影响到他人，你可以采取将脸压在枕头里放声地哭和呐喊的方式。当你觉得能够继续时，接着写下你不喜欢的、恐惧的事情。

当你发泄完，也觉得没有东西可以再写时，仔细阅读你所写下的事物，问自己：为什么我不喜欢这项事情？为什么我对这项事情感到害怕？同时选一种能够让你放轻松的彩色笔，在你写下的事物后面，写下让你不喜欢或感到害怕的原因。

选一支绿色的彩笔，写下明天你要采取什么样的行动或方法来驱逐使你产生不喜欢或害怕的原因。

第四步：找出基准

当我们认识和了解了我们所处的大环境，也找出了利益相关系统，看到细节的变化，懂得如何克服恐惧后，接下来就要探讨：如何找出基准。

● 只有找到基准，才能设定好目标

什么是基准呢？基准就是参照物、底线、标准。

在运动会的跳高项目中，你可以发现在第一次放杆时并不是每一个运动员都会去尝试的。它有一个所有人都可以去跳的基准，但是每个人自己也有一个属于自己的基准。跳高选手有3次机会，随着主办人不断将杆往上移，当运动员觉得已达到自己基准的时候，他就可以尝试去跳了。他将考虑自己是否可以越过标杆，如果他可以越过，而别人不能的话，那他就是冠军了。

同样，当我们去应付危机，提高组织生产力、企业生产力时，我们也要找到我们的基准。如果我们的基准高于目标，就可以轻松通过；进步以后，还可以把基准往上拉。如果基准低于目标，并且感到退步了，就要考虑是什么原因使我退步了。在这个过程中，只有确定了基准时，

我们才能开始去设定我们的目标。

　　在危机来临时，组织往往会带领大家设计宏大目标，宏大目标初出之时，会让人激动，充满成就感，但是大家是否想过，在不清楚自身基准的情况下，又设定高出能力太多时，随着时间的推近，我们的目标将不能达成，由此而衍生出挫折感和不信任，将会带来巨大的负面影响。

　　所以我们要学习如何在危机的情况下，清楚界定自己的基准，并找对方法，从基准中去做每一件事，从而赢得成就感和信心。我们在这个过程中获得提升和学习，慢慢把杆往上移，而且这个移动是朝着企业最终目标前进的。

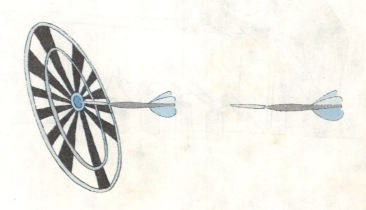

● 找基准的起点是了解现状

　　那么怎样才能找到自己的基准？

　　找基准前，必须要先找到自己的定位——清晰地了解目前自身所处的情况。

成功 Successes   优势 Strengths

挫折 Frustrations   弱点 Weaknesses

再从自身定位中找到优势

在这个"瞄准"图形的四个象限中，根据你个人或组织的目前情况进行一次自我测评反思。你必须遵守下面所列的四项要求，并在不同的领域中仔细思考，然后至少写下五项具体的事项。

- 您必须对自己的情况坦诚以对
- 清楚地列出目前的状况
- 这不是责怪或羞耻
- 接受所有的观点，不需要争论

　　基准就是思考的框架。成长、能力提高、成功、增进生产力等等绝非偶然或一蹴而就的。首先要准确地定义你或组织的目前情况。你必须知道自己及企业需要何种生产力或改善的方法，只有清楚了解后，才能采取特定的步骤制定具有针对性、有效率的提高方案，而不至于浪费资源。如果连立足点都不清楚的话，又怎会懂得设定往上提升的标准和方法呢？

　　因此，找出基准，**就是学会如何掌握自我目前的情况**。

● 从四个角度分析目前情况

　　我们要从四个角度去分析我们的情况。

　　首先需要分析和思考的两个角度是：**成功的经历**及我们有什么样的**优势**。

　　首先让我们回忆一下过去创造的成功经历，并且从经历过的事件里去反思，是什么样的优势让我们达到成功？我们究竟具备哪些优势？优势是从过往的经历和学习中培养出来的，或是从过往的经验总结中所建立和积累起来的。所以一旦我们清楚了创造成功事件的机制和优势时，我们就能够更有效地借助良好的信息和结果不断地拷贝成功。

　　其次要分析的两个角度是：挫折和弱点。

这两者与我们所养成的习惯有关。当我们谈到习惯时，通常会用好坏来区分。其实，习惯是你过去做事情得出结论后而养成的行为模式，它并没有所谓的"好"与"坏"，过去我们所认为是好习惯的行为，随着时代或社会变迁，需要不同的行为模式时，它往往会成为绊脚石。

同时也由于我们习惯于沉浸在过往的辉煌或成功中，慢慢地会对现实掉以轻心，结果导致失败而产生了挫折感。因此，当我们能够坦诚、不带责怪和羞辱地客观对待和剖析事实时，将有助于为我们日后的工作提供更稳健的铺垫。

人往往有一种倾向，习惯或喜欢去挑战自己，让自己去做一些不擅长的事情来给自己磨练，并希冀可以从中获得新的认识和成长。可一旦我们遭遇到失败、挫折，就会开始不断去责怪、埋怨、悲叹时不予我。

现在我们就要改变态度，重新在挫折中思考我们要如何从中获得学习，提炼出让我们成长和改变的因素。找出弱点，思考如何获得更多的外在资源，进而做到借力使力，然后再尽量去发挥我们的优势，树立更多成功案例，去激励自我的优势。

在危机中，我们习惯两极化思考，要么只看成功，尽量说积极的话，盲目和过度热情地去做事；要么只看失败，总在思考要如何从失败中获取经验，弄得大家都觉得日子很难过，没有成就感，失去士气。而我们就是要学习如何将两者平衡，通过赏识和肯定的眼光去发掘我们的优势，带着谦卑、尊重和感恩的心从过往的挫折经验中去反思和总结出新的战略和行动。

　　找出基准，除了要清楚了解自身情况，还要理清自己的使命和价值观。

● 使命、宗旨和价值观

当我们设计目标时——不管是给企业还是自己设计目标——往往都会因为过于考虑如何在现有的外在环境中做得更好，而忽略了自己内心中所保持着的观念和想法。一旦你发现当下所做的一连串的事情，其目标跟你的价值观相悖时，你就会陷入困境，失去执行和实现目标的动力，徘徊在迷惑和矛盾的十字路口。

出现这种困境，通常表示你忘记了自己的使命，或者你还没有明确自己的价值观。

理解使命、宗旨、价值观，对个人发展或组织发展都有一个很大的好处，就是凝聚内在的动力和对未来成就的向往——这是一剂有效的"抗危和抗恐惧"催化剂。

使命，指引着我们人生的发展方向。每一个人来这个世界一趟，都有着我们要经历的事情、要学习的事情以及为社会做贡献的事情。在我们成长的过程中，童年的经历会影响成年的我们做决策时的想法方向。童年的影响大部分来自父母、老师、同学、长辈等童年期与自己接触密切的人，而这将成为日后思想的制约或支撑。引导个人发展的是个人的使命，指引组织或企业发展的是组织或企业的宗旨。

价值观，是我们行为的准则和指引。如果你的价值观是"君子爱财，取之有道"，那在遭受金融危机的情况下，假如有人对你说，"银行的钱没人看守，我们去拿！"你会去拿吗？你的回答肯定是："不会， 拿了可要吃牢饭的呀！"一旦迫于现实而拿了这些钱，解决了现实问题后，你将会自我谴责、良心不安，最终导致心理疾病。

有许多人都在说中国的企业文化等于老板文化。这个说法没错！因为企业是由老板创立的，所以企业的文化肯定是带着创业者看待事业发展的价值观、看法、理想和成就的个人使命。

只不过在讲究企业发展和迎合时代快速变迁的当下，我们则要探讨如何从自己的价值观和使命中超脱，将个人的价值观和使命扩散为集体共识的价值观和组织宗旨。人类惯于群居，因此物以类聚、人以群分。有着相同看法和使命的人终会走到一块儿。因此，我们要将自身的看法和理想提升到一个高度去纵览组织或企业的发展，只有我们站在一个高度时，才容易去发散和催化整体。

2009年4月上旬，一家在香港的美国百年制药企业开展了一个引导工作坊的活动。这次活动，是为了在这段经济低迷的大环境中振奋士气，同时也为了让新上任的总经理与香港各部门的同事加深认识，希望能够让所有的同事了解企业的宗旨和价值观。企业希望通过这次活动影响每位员工，将支持企业发展的价值观形成行动，孕育充满关爱、开拓、追求、坚持的企业文化。

在香港迪斯尼酒店灰姑娘厅所开展的1天引导工作坊中，参与者感性地体验了不同器官代表着企业中各角度的价值观的互动活动，在增进了对企业价值观和发展环环相扣运作的理解后，大家进入了一次理性的会谈（Dialogue）：探讨制定我/我们要如何将这四项企业价值观落实到日常工作及公司中。

在场来自不同部门的37位经理人，最后形成了37项个人的落实计划和6项可以共同执行、跟进、相互影响的团体成长计划。

内在强壮的心灵力量可以驱散外在笼罩的迷雾。内功练得好，就能够做到无招胜有招。

——Karen

请回想一下，在不同的年龄段你做了哪些让你自豪的事情，请将这些事情具体地写在表上对应的年龄段中。 如果你今年33岁，那么请回溯你在32岁时做了哪些让你觉得自豪的事情，不一定是大事，只要让你觉得自豪的就可以了，然后将这件事具体地写下来。然后再写31岁时，以此类推。

自我成长 探索

生命价值蓝图

- 10
- 15
- 20
- 25
- 30
- 35
- 40
- 50
- 60
- ……

如何明确自己的价值观呢，通过上页的自我成长探索，找到自己的生命价值蓝图。

　　写完以后，试着问自己：支持着你去做这些事件的因素是什么？为什么你会去做这件事情？当你这样写下来的时候，就可以从结论中提炼出价值观。

　　当你清晰了你的使命和价值观时，再往下思考我要如何在未来（34岁、35岁、40岁、50岁……）成就一些能够体现自己价值观的事情。

　　这个表运用在个人身上就是个人的生命价值蓝图；运用在企业中就是企业生命价值蓝图。

一个人的成就和伟大不仅仅是要实现他/她个人的价值，还要实现他/她对社会所创造的价值。

——Karen

● 凝聚你的想法

宁静致远！世间万象、枯荣宠辱，全在于心。

大家应该听过这样一则禅宗故事。二位僧人见风吹幡动。一僧说这是"风动"，另一僧说这是"幡动"，舌绽莲花，争论不休。

于是慧能禅师挺身对二位僧人说："不是风动，亦非幡动，只是心动！"

危机之下的你心动了吗？你是否觉得慌乱，对未来感到迷惑，进而迷失在现在？

这次金融危机迫害了你吗？

没有！

只因我们心随着不安在动，便觉得己身处在不安之中。环境随着人的努力前进而不断改变，在时代与时俱进的巨轮前面，人往往先被自己的幻想、假想吓死，而非被压死。

如果你是企业的掌舵手，你可以通过自己的生命价值蓝图或企业的生命价值蓝图来理清自己跟组织角色的牵连和关系。从你个人发展和企业的发展蓝图中找出雷同点和差异点，让你的企业跳脱老板文化，飞跃一个属于企业的文化，从而更准确地找到基准，进而可以写下激发行动的目标。

第五步：目标设定

你必须清楚地阐释你的目标，并清晰地理解你和目标之间的关系定位。

● 目标的类型

	短期的目标	长期的目标
有形的目标	取得开始，创造能量	需要勇气、洞察力、远景和鼓励
无形的目标	内在的改变以实现更多的有形目标	

　　目标的类型有三种：短期、有形的目标；长期、有形的目标；无形的目标。

　　短期、有形的目标，就是我想到要做什么能够马上去做，并且能获得成果的事。实现短期、有形目标的好处是能立竿见影地看到即赢(Quick Win)的效果、创造能量和士气、增进执行力、累积成就感。

　　如果你今天觉得心情低落、没有生产力、充满挫折感，那么赶快为自己设定一些符合自己、在自己能力范围内的一系列短期、有形的目标，马上行动，然后做到！

　　女性朋友往往擅长设计和执行短期、有形的目标，通过目标的实现，去获得能量。比如在心情不好时，给自己一次到商场血拼的时间，想象当自己买到了喜欢或心仪的东西时的情景……坏心情马上转化成为好心情！同时也为创造消费出了一份力！

长期、有形的目标，则是要经历比较长的时间，一般不会马上做到或者见到效果的事情，比如：买房、买车、生儿育女、成家立业等等，都是属于长期、有形的目标。

　　在一次研讨会的现场中，我问一位来自湖南的参会者："假设我让你明天买下这次研讨会所在的这栋大厦，行么？"

　　他回答："不行！"

　　我接着问："为什么？"

　　"因为我现在没有足够的钱来买！"

　　"那么5年后再让你买这栋大厦，行么？"

　　"应该可以！"

　　我再问："20年后让你买这个大厦，行么？"

　　这时他停顿了一下才回答："我想是行的，因为我相信我已经有购买的能力了。但……恐怕到时这大厦太旧，我不想买了！"

　　听罢，全场哄堂大笑。

　　当我们设定长期、有形的目标时，一定要给自己或对方足够完成的时间。如果你设定的目标太过庞大，超出了你的能力范围，你不管如何自我激励或激励他人，都无法实现，那只能自己骗自己，因为这个目标无法让你诚心地相信你可以办到。

同时，要实现长期的目标，需要勇气。

在深圳车公庙工业区的一位女企业家，曾经参与过我所开办的领导力辅导课程，并在辅导课上与我们分享了她在深圳打拼的经历。

她来自潮州一个并不富裕的平凡家庭，有着众多的兄弟姐妹。1996年，带着对深圳发展的憧憬只身来到了鹏城。到深圳后，朋友帮她找到了一份在华强北卖电子产品的柜台售货员的工作，在与客户的互动中，她学习到了不同电子产品的功能和未来电子产品的趋势，同时也从与客户打交道的过程中了解了什么是做生意。

有了经验和部分金钱的积累后，她不顾大部分朋友的反对，鼓起勇气自己创业。创业初期，她仍旧做着华强北的柜台售货员工作，不同的是，她自己当上了老板，开始圆自己在深圳致富、让家人过上幸福日子的梦想。

经过两年的积累，她赚取了人生中的第一桶金，当所有的人都高呼着让她办电子产品的生产工厂时，她却选择了将资金投到香港，并申请了香港的居留权。此举让她身边的朋友、家人，甚至合作伙伴都无法理解和接受，但她依然勇往直前！

在等待香港居留申请的审批期间，她并没有闲着，她开始学习不同的新事务并筹划着回深圳投资设厂，最后她以港商的身份回到深圳再次创业。有了CEPA（《内地与香港关于建立更紧密经贸关系安排》）的政策扶持以及对国内市场的熟悉和人脉，她的坚持、努力、决心再次让她腾飞。目前，她已拥有一家300人的电子生产及营销企业，并且开始尝试将她的产品推广到东南亚。为了让她的管理更到位，同时弥补她只有小学文化程度的学识缺口，她在空暇时间重拾课本学习，规划应该学习哪些知识和技术以便提高和推进她所想要的成功。

深圳是一个新兴、快速发展的城市。这个城市由来自五湖四海的人共同打造和建设它。到深圳来实现梦想和发展需要勇气、敏锐的洞察力、远景和自我激励。

在这位女企业家的身上我们看到了实现长期目标所需要的勇气、敏锐的洞察力、远景和自我激励。

勇气不是指意气用事，或只凭热情和冲劲朝目标冲刺。

勇气是指有能力和洞察事物的智慧，勇于挑战长久以来持有的信念。

　　勇气是指有坚定的看法，不受别人压力的影响。

　　勇气是指勇于用界定别人的标准来做自我评价，并且始终遵循不悖。

　　勇气是指用自己的力量克服恐惧，并用正确的方式观察你的焦虑。正视自己的恐惧并找到出处、采取行动，向目标或想要成就的结果迈进。

　　实现短期目标能够让我们清醒及受鼓舞；实现长期目标能够成就我们人生的任务和梦想。

　　如果我们只是关注设定短期、有形的目标而没有长期、有形的目标，就会在人生或组织发展的过程中没有方向，容易感到迷茫和盲目。

　　如果我们只有长期、有形的目标而没有短期、有形的目标呢，则会觉得需要不断地往前跑，却没有一个可以激发我们热情的里程碑，不能从短期的成功里获得精神上的满足，因此感到空虚，如同追逐着一场永无止尽的梦，久而久之，就会丧失追逐终极成功的激情。我们只会去做我们认为有能力实现的事，而不是去追寻空想的梦或幻想。

　　在追求实现长期目标的过程中需要有许多的短期目标来累积成功和资源，而且为了在实践目标的过程中有自我成长的空间，我们也需要思考设定对长期目标有推展作用的不同层次的无形目标。

而所谓的无形目标就是自我学习、成长。

在实现终极长期目标的过程中所遇到的障碍，主要来自于自身内在的无形特质，如习惯、学识、性格等。而这些内在特质都可以通过学习来改变！我们每次的学习都是有目的的，让我们能够改变与调整自身无形的特质，如性格、习惯等，让它们促进长期目标的实现。

如果我有了一个长期、有形的目标：要在一年后开一家意大利餐厅。那么，我除了要去找适合开餐厅的地点、挑选烹饪用具、餐厅设计规划、招聘等一系列短期、有形的目标外，我还要学习如何去烹煮美味、地道的意大利餐、要学习意大利人的饮食文化、调整自己的心理、饮食习惯等等，以求能够做到所有实现开一家地道、有品位的意大利餐厅目标的工作。

我们所做的每一次学习都关系到内在的改变。我们需要有许多短期目标，在实践的过程中，发现有改变和调整的需要时，就要去设定调整能够配合长期目标发展的自身内在的无形目标。

我的一位在台湾的朋友——《儿子兵法》、《女子兵法》、《黄金业务22法则》等畅销书作者——李经康先生，曾与我分享他对学习的观点。他说："学习可以通过很多种方式进行，如阅读、上课、听或看各种信息等。如果有些学习，我花了很多时间和精力，却没能帮助我实现我的长期目标，这些学习并没有为我服务、给我带来作用，我将它称之为'娱乐'。"

设计实现目标时，我们必须抱持有这样的基本观念：首先这个目标必须能驱动你，而在制定和实施组织发展和变革的进程中，能够获得成功的最大关键在于参与。只有全员都参与了设计企业发展的战略及规划，才能将组织的目标和战略转化并内化为员工自发执行的行为，最终形成一种自主组织的企业文化。

● 您的目标必须积极正向

现在请闭上眼睛……听好："不要想粉红色的大象！不能够想粉红色的大象！不准想粉红色的大象！我命令你不可以想粉红色的大象！"

现在你的脑海中出现什么？

对了！就是"粉红色的大象！"

我们的思想是无法辨识负面的信息或"不"这个字眼的，它按照我们给予的指示去执行。

若我们一直在告诉自己"不能做……不可以做……不要……"，最后的结果往往是出现我们所一直思考着不想要的事件，紧接着我们开始陷入不安、焦虑、批判和怀疑的迷雾中……

不安、焦虑、批判和怀疑的迷雾所释放出的毒气让人上瘾，让肾上腺素增加、让神经系统处在"红色警戒"状态中，开始草木皆兵，危机像是无处不在，挫折不断、问题层出不穷……慢慢地，我们开始对自己、对别人、对环境、对身边的事物失去信心！

随着不安感的加深，不断的焦虑让我们更加消极、空虚、无助、茫然，因而放弃追逐生命中的可能性、机会及美好的事物！

让我们重拾积极正向思考的信心和能力……只希望想到我所想要得到的事物，那就不要再告诉自己"不要想""粉红色"的大象！而是直接去想"灰色的"大象！

一旦开始积极正向的思考，满足了自己的渴望，就能够超越不安、焦虑、创造无限的生机，进入到美好的光明境界中！

● **让心跟着梦想在动**

在第一章"用梦想点亮指引方向的灯"中，曾经做过一次"自我成长探索"，现在，从那个梦想列表中提炼出几个能够结合你当下实际发展和能力的，并且是你渴望实现的梦想，接着做以下几个动作：

（1）请为这些梦想加上一个实现的期限，将其设定为符合你某个价值观的长期目标。

（2）根据你的情况和能力将长期目标分成数个阶段的一系列短期目标，作为激励的里程碑和追踪长期目标途径的段落指标及指引。

（3）同时也包含一系列催化内在改变的无形目标。

让你的心随着梦想脉动，为能够实现梦想而感动。感谢所有能让你实现梦想的能力、支持和资源。带着期待和渴望的心情及信念，持续着昂扬的激情为实现梦想而前进。

阿姆斯特朗小的时候，有一天，在自家后院的弹簧床上不断地往空中弹跳着。妈妈问他想干吗，他说想要跳到月球上去。

最后，他成为了登上月球的第一个人。

想想，如果当初妈妈告诉小阿姆斯特朗："儿子，你不要傻想了，你这样哪有可能跳到月球上去，而且人不可能去月球的。"那样，小阿姆斯特朗的梦想可能就被扼杀了，也不会有今天阿姆斯特朗的成功事迹让我们学习和传诵了。

"图形的目标设定工作单"的运用

第一步：

　　从你的梦想列表（第一章，第22页到23页）中挑出一个你想要实现的梦想，然后转化成为一个SMART（具体、可衡量、可达成、实际、实质）的目标，将这个目标写在"目标"图示中。

第二步：

　　仔细想想在你达成目标后会获得什么样具体的效益或避免什么样的损失。这是激励我们实现目标的动力及鼓励我们采取迅速、更有决心的行动。

第三步：

　　这个目标是我们向往的目标，或许在过去我们曾经尝试去做，可能某种原因我们停止了。请将这些原因以及考虑可能会产生阻挠的障碍诚实地写下来，最少要写下4个障碍。

第四步：

　　当你仔细地列出障碍后，评估这些障碍，然后拟定出可能的解决方案或行动来克服这些障碍。过去你曾经使用过的无效方法，就不要再写下来了。

第五步：

　　为了实现目标，你必须采取一系列明确的行动步骤。每项行动步骤可能要分成几个更小、能够产生"即赢"效果、更详细的行动步骤，并且要为这些行动订下完成日期以明确自己的进展。

图形的目标设定工作单

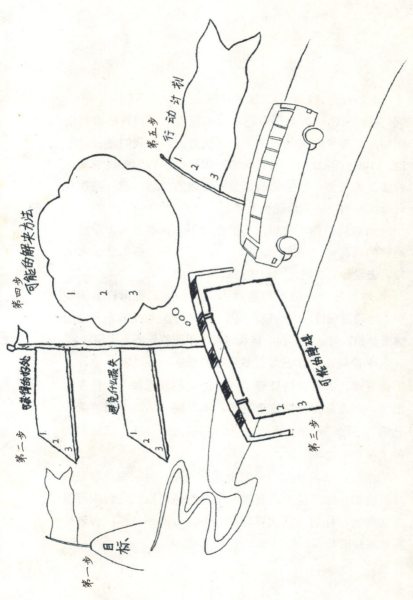

第一步　目标

第二步　赚得的好处

避免什么损失

第三步　可能的障碍

第四步　可能的解决方法

第五步　行动计划

我们设定目标是为了实现梦想。

我们常常因为告诉自己梦想不能太大，自我能力有限而错过了很多时机及磨灭了自我的潜力。但我们是否思考过，小时候的梦想，随着我们的成长、能力加强而越来越有实现的可能。过去我们认为不可能的梦想，或许现在是可以实现的——因为我长大了。

所以只怕你不敢想，不怕你做不了。很多人表示没有足够的目标可以去实践，其实是因为没有足够的梦想去支持、去设计、去转化出更多的目标。

梦想是一个很好的驱动力。感性地发掘出许多的梦想，再通过理性，一一整理出来，让我们能够更直观具像地感受梦想，再运用感性心情和理性的手段双管齐下实现它。

不论现在让你觉得有多荒谬的想法，再过20年也许就不再荒谬，而且合情合理了。以前人们梦想像鸟一样在天上飞，却总觉得想法过于荒谬，不可能会实现。而"莱特兄弟 + 梦想 + 勇于行动 ＝飞机"的这个公式，让我们实现了在空中翱翔的梦。

所以，请将梦想一一列出来，列完后再回顾，根据自身目前的年龄及能力，有哪一个梦想是可以把它转成可以去实现的目标的，据此再设定一系列短期的目标，去辅助实现最终的长期梦想。

第六步：战略引导型领导

●战略引导的领导力

目标设定的过程，除了可以应用在个人成长中以获得成功外，还可以运用在组织发展变革的团队共创过程中。

在带领团队的过程中，要取得成就的一系列关键是：引导大家为共同的目标去贡献想法，做到同一个目标、同一个梦想；然后把所有的想法落实成设计蓝图；再将想法蓝图上的细节转换为行动；群策群力地去执行。由于这是大家共同参与的行动，所以一旦成功，我们就能创造出众志成城的团队精神。

由此可见，企业的目标需要经过一个转化，要能够让组织内所有的同仁都有参与的热情、执行的意愿，这样才能激发出集体的智慧。企业的发展不是靠一个人、一个想法、一个实践去支撑的，而是由许多人从不同的角度观点、想法和实践去支持的。

当大家能够共同为一个企业的目标去集思广益时，就能迅速激发起组织内所有人的个人智慧。这些智慧汇聚成集体的智慧。要折断一根筷子很容易，想折断绑成一摞的筷子却很难。引导团队去创造团队目标的原理也在此。同时，通过这个过程，我们除了可以实现最佳目标，也能创造一个资源相互融合的组织。

身为领导，更能从这个过程中获得新的学习和体认。在领导团队往目标迈进或做思考时，必须要掌握设计目标、实现目标的能力，我们将这种能力称为"战略引导的领导力"。

"战略引导的领导力(Strategic Facilitative Leadership)"，需要具备清晰的梦想和向往、聚焦的目标设定，并能有效地利用时间来为我们所要实践的事情服务，能分清事情的轻重缓急、优先顺序并有针对性地实施方针策略，此外，还需要具备激发团队思想和执行火花的能力。

"战略引导的领导力"的内在特质有：第一，热忱，要有领导的热忱。要相信我有能力去设计一个目标，并且相信这个目标能带领我和我的组织往正向发展的方向前进；第二，高度的自信，相信自己的能力。自信不是突如其来的，它需要通过大量的信息收集、敏锐的洞察力方能建立；除此之外，还要有坚定的心志，能够经得起挫折和外在环境的刺激和挑战。坚定的心志能够让我们跳脱恐惧。

只有具备了以上的特质，才能够在危机下有效地思考、设定目标、提高个人和团队的生产力。

如果你没有达到你预期所设订的目标，这是因为你的目标尚未清晰。

只有从内在特质培养出来的个人领导力，才能塑造出一个强大而有信心引领组织发展和变革的领导者。

我们可以通过战略引导的领导力将自己培养成为一位引导型领导，真正做到察觉团队与组织动态的领导，建立一个组织全面参与的流程，让组织内的成员能够完全地发挥出各自的潜能和天赋，以协助组织清楚表达出远景和目标，并且将其落实，身体力行其所倡导的价值观。

第4章 感恩

逆境泰然
顺境安然

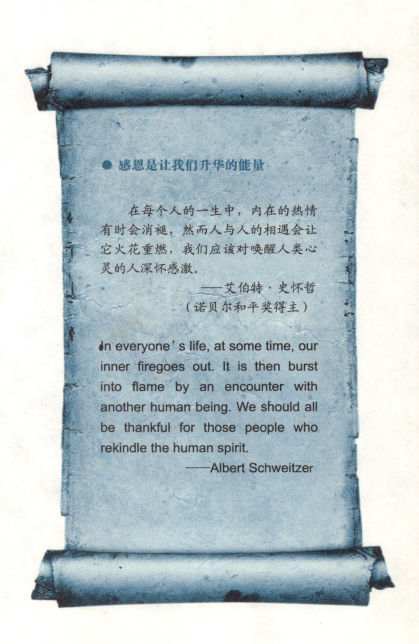

● 感恩是让我们升华的能量

在每个人的一生中，内在的热情有时会消褪，然而人与人的相遇会让它火花重燃，我们应该对唤醒人类心灵的人深怀感激。

——艾伯特·史怀哲
（诺贝尔和平奖得主）

In everyone's life, at some time, our inner firegoes out. It is then burst into flame by an encounter with another human being. We should all be thankful for those people who rekindle the human spirit.

——Albert Schweitzer

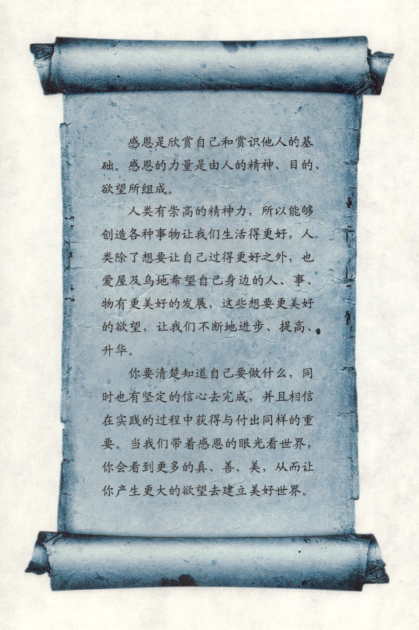

感恩是欣赏自己和赏识他人的基础。感恩的力量是由人的精神、目的、欲望所组成。

人类有崇高的精神力，所以能够创造各种事物让我们生活得更好，人类除了想要让自己过得更好之外，也爱屋及乌地希望自己身边的人、事、物有更美好的发展，这些想要更美好的欲望，让我们不断地进步、提高、升华。

你要清楚知道自己要做什么，同时也有坚定的信心去完成，并且相信在实践的过程中获得与付出同样的重要。当我们带着感恩的眼光看世界，你会看到更多的真、善、美，从而让你产生更大的欲望去建立美好世界。

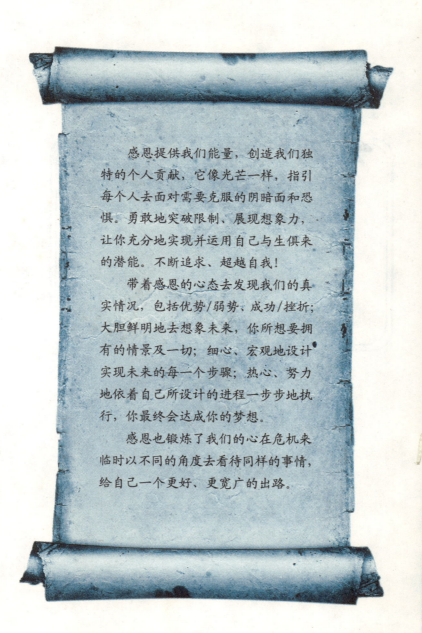

感恩提供我们能量，创造我们独特的个人贡献，它像光芒一样，指引每个人去面对需要克服的阴暗面和恐惧。勇敢地突破限制、展现想象力，让你充分地实现并运用自己与生俱来的潜能。不断追求、超越自我！

带着感恩的心态去发现我们的真实情况，包括优势/弱势、成功/挫折；大胆鲜明地去想象未来，你所想要拥有的情景及一切；细心、宏观地设计实现未来的每一个步骤；热心、努力地依着自己所设计的进程一步步地执行，你最终会达成你的梦想。

感恩也锻炼了我们的心在危机来临时以不同的角度去看待同样的事情，给自己一个更好、更宽广的出路。

自我成长
探索

今天我要感激的有 _____

今天我的成功事件有 _____

后记

　　在撰写这本书的过程中出现了很多的事情，督促着我要尽快地完成它。

　　从开始动笔到6月份书稿的最终完成，期间在工作和事业的发展上有着一些起伏，而心情也随之一起波动。虽然书中的内容是自己所熟悉的，但在编写时发现，当心理忐忑不发时，依照书中的引导，对自己的情况和内在想法做理性厘定和感性的激励后，发现呈现在自己眼前的是更多的灿烂光景——这对我而言是一个非常大的意外之喜。

　　希望读者们也能够像我一般通过对本书的阅读以及对书中工具的运用和思考，从自身的阴霾中走出来，找到专属于自己的光辉未来。

　　也期待"引导（facilitation）"的概念和应用能够在中国这片热土上遍地开花，更多的企业和个人能从自我引导和组织发展引导中获得更多的收益。

　　本书的主线是我的伙伴及良师益友Mark Pixley的原创，在2000年之初，他就开始思考进入2000年后的岁月将会是一个怎么样的年代，从1999年跨入2000年时，许多的人也开始有很多不同的担心，

但是Mark与我们分享了一个心得：与其不断地担心，不如去创造一个"疯狂的成功（outrageous success）"，他开始将他的想法做了一个主线……而这，正是本书的雏形。非常感谢在写书的过程中，Mark给我的支持，在不断的探讨中，我们碰撞出了很多的火花，产生了很多新的想法，他还鼓励我将它跃然在纸上，使得图书的内容更加丰富。

同时，也感谢我的同事巨艳芳和金洛姝，她们努力将我的演讲内容转成文字，让我可以从中做更多的扩展与思考。

感谢孙炯先生不断地给我肯定及分享他对国际运作和国内的文化的洞见，让我更有信心去将自己的想法和经历整理出来。也谢谢唐锡豪先生对我支持。

此外，还特别感谢臧贤凯、余鑫、刘娜、李广、赵含丹对此书的监督和建议。

让我们一起加油！从"危"中去做更多的反思、反馈，提炼出更多的"机会"去打造一个属于我们自己的璀璨未来！

——karen

2009年7月·深圳

工具索引

业务介绍和联系方式

关于立德管理顾问有限公司

立德管理顾问有限公司坐落于深圳市，旨在为大中华地区的客户提供服务。我们运用经认证的高效引导技术和培训技术来协助您的企业进行具有世界级先进水平的企业策略和领导力建设。

我们与众不同之处是：

正式授权：我们的引导师都经过正式授权认证，拥有丰富的工商企业发展实战经验。

量身定做：依据您目前的需求和挑战而设计适合您的解决方案。

双语教学：项目及会议引导均有英文和中文的选择。

在过去的七年，我们的引导师为在中国、中国香港、中国台湾和马来西亚等地的诸多企业和政府组织提供专业的服务。因为我们的跨国团队擅长于有效地标示出企业和当地地区文化的症结。

曾经服务过的企业有：惠普中国、DELL、英国石油公司、罗氏制药厂、沃尔玛、金佰利（中国）投资有限公司、加德士海洋石油、诺和诺德、史赛克、盐田港集装箱码头、中国电信、深圳国旅、深圳金融电子结算中心、上海浦东新区人才交流中心、浦东新区人力资源工作协会、昆明呈贡新城、上海博华国际展览有限公司、中油碧辟、诺和诺德、史赛克、中国电信、国卫（金盛）保险、华润集团、中国移动等。

联系方式

电话：86-755-8211 1366

E-mail:info@leadershipinc.com.cn

启发和引导本书的思想家及组织发展落实者

珊卓拉·杰诺（Sandra Janoff）&马文·威斯博（Marvin Weisbord）："未来探索（Future search）"的创始人，提倡通过"整体系统"的概念来看组织的发展，可以协助组织通过其自身的创造力与相互启发的过程来解决危机的方法论。著有《未来探索》（Futre search）及《不要只忙着做事，随机而动！》（Don't just do something,stand there!）

哈里森·欧文（Harrison Owen）："开放空间会议（Open Space）"的创始人及作者，著有《开放空间科技——引导者手册》、Spirit:Transformation and development in organizations（暂译为：《精神：组织的转型与发展》）、Leadership is（暂译为：《领导力》）、Riding the Tiger: Doing business in a transforming world（暂译为：《骑虎之道：转变世界中的企业经营》）等等。

大卫·库柏里德（David Cooperrider）：凯斯西储大学（Case Western Reserve）心理学系教授，"肯定式探询（Appreciative Inquiry）"的创始人及倡导者。

卫理查（Richard West）&卫格尔（Gail West）：中国台湾ICA（the Institute of Cultural Affairs：国际文化事业协会）的董事，致力于关注世界发展中的人文因素及精神发展。

潘士礼（Mark Pixley）：立德管理顾问有限公司（Leadership INC.）的创始人及总经理。曾担任中国香港ICA（the Institute of Cultural Affairs，Ltd.：国际文化事业协会有限公司）的董事及IAF（International Association of Facilitators：国际引导者协会）的董事。中国香港及中国引导者讨论会的发起创办人。"企业转化与完善：企业自发改变的方法"和"发展个人的领导力"的倡导及实践者。

凯瑟琳·克拉玛（Kathryn D. Cramer）：是一位心理学博士及克拉玛机构的创始人，已成功为300个组织接受正面思考的观念，著有《如何重建人生：惊变与挫折之后》（Staying on top when your world turns upside down）、《回家之路》（Roads home）、《快速、努力、聪明还不够》（When faster, harder, smarter Is not enough）"等书。

读者调查表

亲爱的读者：

欢迎您购买本书，请认真填写这份问卷，您的答案对我们很重要！

联系方式：

电话：0755-83595900-转编辑部

传真：0755-83595900

E-mail：biaogan@126.com

Http：www.bgglw.com

通讯地址：福田保税区红花路215栋一楼

邮政编码：518031

1.您对本书的总体印象是：

□很好　□不错　□一般　□差

2.您愿意推荐《原来危机不过是一个卡通》给同事、亲友吗？

□是　　□否　　　原因_____

读者调查表

3.您最近读过哪些不错的书

（1）＿＿＿＿＿　（2）＿＿＿＿＿

（3）＿＿＿＿＿　（4）＿＿＿＿＿

4.您对本书的意见及建议：

您的情况：

姓名＿＿＿性别＿＿＿出生年月＿＿＿＿

学历＿＿＿工作单位及职位＿＿＿＿＿

通讯地址＿＿＿＿＿＿＿＿＿＿＿

邮编＿＿＿＿＿电话＿＿＿＿＿＿

E-mail＿＿＿＿＿＿＿＿＿＿＿

您的感悟：